作者简介

崔雪梅　廊坊师范学院副教授，北京体育大学博士，清华大学博士后。主要从事战略管理、中国老年社会学及体育社会学领域的研究，致力于寻求中国体育产业升级、产业链打造及资源市场化运作的解决方案。主持国家社科基金课题1项，参与国家社科重大招标课题2项，以及多项国家、省部级课题。发表论文30余篇。出版专著5部。

从农民到市民

「城中村」居民体育生活社会空间转向研究

崔雪梅◎著

人民日报学术文库

人民日报出版社

图书在版编目（CIP）数据

从农民到市民："城中村"居民体育生活社会空间
转向研究／崔雪梅著．—北京：人民日报出版社，
2018.1
ISBN 978－7－5115－5318－8

Ⅰ.①从… Ⅱ.①崔… Ⅲ.①群众体育—研究—中国
Ⅳ.①G812.4

中国版本图书馆 CIP 数据核字（2018）第 023564 号

书　　名：从农民到市民："城中村"居民体育生活社会空间转向研究
著　　者：崔雪梅

出 版 人：董　伟
责任编辑：万方正
装帧设计：中联学林

出版发行：人民日报出版社
社　　址：北京金台西路 2 号
邮政编码：100733
发行热线：（010）65369509　65369846　65363528　65369512
邮购热线：（010）65369530　65363527
编辑热线：（010）65369533
网　　址：www.peopledailypress.com
经　　销：新华书店
印　　刷：三河市华东印刷有限公司

开　　本：710mm×1000mm　1/16
字　　数：168 千字
印　　张：12.5
印　　次：2018 年 7 月第 1 版　　2018 年 7 月第 1 次印刷

书　　号：ISBN 978－7－5115－5318－8
定　　价：68.00 元

序

　　拿破仑曾经把中国比作一只沉睡的雄狮：中国这只睡狮一旦被惊醒，世界会为之震动。鸦片战争以后列强接二连三轰破国门的炮声惊醒了沉睡的中国雄狮，当它通过魏源、林则徐的双眼打量身外的这个世界时，终于猛然发现"中华民族到了最危险的时候"！又过了一个多世纪，昔日的中央之国才舒展筋骨，逐步向世界展示自己的力量：它让联合国军退回到三八线以南，把拿破仑的后辈赶出了越南，又顶住苏联的强大压力，坚持独立自主、自力更生的发展政策，逐步建立起基本完整的工业体系，让中国人的平均期望寿命从 35 岁提高到 65 岁……

　　然而，尽管中国一次又一次让世界震惊，但直到又一个世纪之交，西方世界的人们才真正感觉到拿破仑所说的东方雄狮苏醒后带给世界的震动。只要是从 70 年代以来身处其间、目睹或伴随中国变化的人——无论他喜欢还是讨厌，他都会震惊于中国的巨大变化。

　　一个在一个半世纪前一次又一次丧权辱国、割地赔款的"东亚病夫"，不但收回了被强占的香港、澳门，而且在摆脱了"文革"噩梦之后迅速走上了民族复兴的发展之路：一个 20 世纪 70 年代末还有 80% 的人口生活在农村从事着与现代生活无缘的农业劳动的国家；一个半世纪前人口中还有 80% 的青壮年文盲的国家，到 2010 年，已经超越日本成为世界第二大经济体；2014 年中国经济总量首次突破 10 万亿美元，继美国之后第二个跻身超 10 万亿美元经济体俱乐部；今天的中国已经成为第一制造业大国和航天强国，电气化铁路里程居世界第一，进出口贸易总量在世界各国排名从 1978 年的第 32 名连续多年稳居第一……

中国快速工业化的同时中国城市化进程也在飞速发展。从英国工业革命推动英国在 18 世纪中叶成为第一个城市人口过半的国家以来，还没有哪一个国家像 20 世纪后期的中国这样以如此大的规模和如此短的时间内完成电气化和工业自动化，并正在深入进行经济和社会的信息化改造；也没有哪个国家能像中国这样把巨量的人口从分散的农村转移到物质文化生活水平和现代文明程度高得多的城市中。1978 年，中国城市数为 193 个，截至 2016 年末，中国城市数量已经达到 657 个，其中直辖市 4 个，100 万～300 万人口规模的城市 121 个，300 万～500 万人口规模的城市 13 个，500 万以上人口的城市达 13 个。从新中国成立到改革开放初期的 1980 年，中国的城镇人口占总人口比例从 11.2% 上升到 19.4%。2016 年，我国户籍人口城镇率达到了 41.2%，常住人口城镇化率达到了 57.35%。

城市化水平的提高意味着中国人民生活质量的提高。中国是第一个提前实现千年发展目标即贫困人口减半的发展中国家。按照世界银行的贫困标准（每天 1.25 美元，2005 年购买力平价），1981—2011 年，中国的贫困人口由 8.38 亿减少到 8417 万（2011 年），贫困人口减少 7.53 亿。中国人的平均预期寿命从 1949 年的 35 岁提高到 1978 年的男性 66.9 岁和女性 69 岁，2016 年进一步提高到女性 77.37 岁和男性 72.38 岁；联合国开发计划署从 1980 年开始发布的 186 个国家和地区的人类发展指数中，中国的人类发展指数从 1980 年的 0.423 提高到 2016 年的 0.738，提高了 70%，排名上升到 90 位；中国率先完成基本普及义务教育和基本扫除青壮年文盲，具有大专以上文化程度的人口超过 12%……

举世瞩目的巨变让世界深刻感觉到中国的力量和中国的影响，人们从不同的角度去描述和解释中国延续四十年的变化，工业化和城市化就是人们用来描述变化过程使用频率最高的词语。18—19世纪西欧国家的工业化进程把大批农民驱赶和吸引到新兴城市附近的工厂,这不但深刻改变了欧洲社会的面貌,也为现代体育的发展奠定了基础:依附于传统节日习俗的小范围地域性体育活动逐渐演变为基于城市而且规模日益扩大的假日体育赛事。在关注和参与这种体育活动的同时,对城市和市民身份潜移默化的认同,让西欧国家的农民逐渐转变为市民。与欧美主要国家用了两百多年逐步完成工业化和城市化进程不同的是:中国的城市比率从不到20%发展到近60%并完成工业电气化和自动化只用了短短不到四十年时间!

但是,正因为中国工业化和城市化的时间特别短、规模特别大和情况特别复杂,在农村人口以各种方式大规模急速转变为城市居民的过程中也产生了不少问题。"城中村"是中国在快速城市化过程中出现并将在相当时期内继续存在的特殊社会空间,"城中村"现象带来的种种政治、经济和社会等方面的矛盾,就是完善社会治理和促进社会和谐健康发展的一个重大问题。

社会的现代化归根结底是人的现代化,城乡一体化和农民转化为市民就是社会现代化的主要途经。崔雪梅博士把研究聚焦于人的现代化这个主题,把目光投向"城中村"中的人:不久前还是农民甚至现在还顶着农民身份的城中村居民。崔博士用了两年时间深入20世纪80年代以后京郊的六个"城中村",近距离观察、感受和触摸各种各样"城中村"居民的心灵,分析他们的体育生活和体育活动对他们形成现代意识的影响。与此同时,崔博士从社会治理、体育公共管理和体育公共服务的角度对"城中村"体育问题及其原因进行了分析,并提出了一些对策性的建议。尽管由于种种原因,特别是体育管理实践经验的不足,崔博士对"城中村"体育问题的分析和理论提炼还有一定完善空间,但是,作为一个年青学者,不仅仅为了一纸文凭而自讨苦吃,敢于挑战这样一个难度极大、理论性极强而且复杂的重大课题,这种态度和精神就是值得赞赏的。正如马克思在《政治经济学批判》序言中提出的："在科学的入口处，正像在地狱的入口处一样，必须提出这样的要求：'这里必须根绝一切犹豫；这里任何怯懦都无济于事。'"1991年诺贝尔经济学奖的获得者、新制度经济学的鼻祖罗纳德·哈里·科斯（Ronald H. Coase）在论及中国经济时也说："我深知中国的奋斗就是全人类的奋斗！中国的经验对全人类非常重要！"

杨桦

2017年7月31日于求是斋

（杨桦，北京体育大学原校长兼党委书记，现任篮球协会副主席、足球协会副主席、体育科学学会理事长。博士生导师，教授。）

前　言

改革开放近 40 年以来,我国政治、经济、文化都取得了巨大成就。但随着城市快速发展,大量外地居民涌进城市,导致城市郊区村落成为"城中村"。这种独特现象使土地利用、建设、规划管理、行政体制等方面表现出强烈的城乡差异和矛盾,同时"城中村"体育问题也日渐凸显。

本研究试图在都市人类学理论构建下,以"城中村"居民参与体育活动的空间作为一个实地调查的实验室,选用大量的个案研究,以个人、家庭、组织及社会为纽带理解"城中村"体育发展现状,运用参与观察法,从底层参与观察"城中村"居民的体育活动方式。分析"城中村"居民体育活动现状、存在问题及原因,以期通过发展"城中村"体育促进"城中村"居民现代化进程。

结果显示:①"城中村"居民有多种体育观,包括健身观和享受观。体育嵌入"城中村"居民日常生活中,多是自发的、无序的,表现为:一是体育公共空间建设的无序和混乱;二是体育组织的无序;三是居民参与体育活动自发和散乱。②"城中村"民俗体育花会表演惯用农历计日,涉外体育活动比赛或者现代体育节日则以阳历计日。居民参与体育呈现分层化,即高收入群体倾向于参与收费体育项目,低收入群体倾向于参与免费体育项目,极度贫困居民基本不参加体育活动。居住在"城中村"的大部分居民对自己参与的体育认同是一种混合认同。③"城中村"居民构建一种内向的亚体育文化圈,在以体育文化共享中达成对自尊的保持和传统体育文化自觉性的延续：集中表现在集体性节庆庙会中的体育花会表演，通过构建一个共享的有意义的体育文化圈，将"城中村"居民凝聚成一个体育文化共同体。④在"城中村"，只有那些受过良好教育以及占有较多社会资源的外来居民，才能真正参与到体育活动中来，大部分外来居民，被排除在城市的体育公共服务体系之外。"城中村"体育的失衡发展，已经威胁到了社会公共安全：一方面"城中村"体育赌博、传销组织、体育诈骗等不良行为，成为不安定的因素；另一方面农耕时代的消退，使"城中村"大部分居民的体力活动减少，传统体育文化功能减弱，而现代体育文化功能在"城中村"尚未形成，"城中村"居民身体和心理健康下降。因此，在对策上，政府要高度重视"城中村"体育发展，将"城中村"公共体育设施建设纳入城市体育建设规划和土地利用规划中来，培养"城中村"居民健康的生活方式，实现"城中村"居民向市民转变。

目 录
CONTENTS

1　选题的依据

1.1　"城中村"是城市化进程中的长期现象

20世纪90年代中后期,我国城市快速发展和郊区城市化进程加速,使得城市郊区的农村地区大量土地被征用,城市政府或开发主体为了规避极高的经济成本和社会成本,导致被绕开的村落成为"城中村",在土地利用、建设、规划管理、行政体制等方面表现出强烈的城乡差异和矛盾。"城中村"是中国城市化进程中特有的现象。我国城市化取得了飞速发展,但户籍制度改革滞后导致的"半城市化"现象已经凸显。那些工作和居住在城镇中的农业户籍者被称为"半城市化人口"。他们难以像本地的非农户口居民那样享受到城市化带来的城镇居民的社会待遇,半城市化人口享受各类社会保障的比例明显低于全城市化人口①。1979年以来中国以每年增长1%的速度城市化,参考欧美各国的历史城市化率达到70%~80%时才会放慢城市化的速度,按此推算中国的城市化将要持续到2030年以后才会放慢速度,结合人口增长率不断降低,要到2035年前后中国的人口总量和城市化速度才会进入一个平衡阶段,即人口总量到

---

① 李培林等.2013社会蓝皮书[R].中国社会科学院研究所.2013.

2050 年间保持在 14.5～15 亿之间,城市化水平稳定在 70%～75% 之间,然后人口总数缓慢下降,城市化水平以千分点的水平缓慢上升。① 在大背景无重大变化的情况下,中国人口将在 2030 年达到峰值的 15 亿左右。与此同时,33 年来城市人口约增长一个百分点。从 1979 年的 21% 到 2012 年 53%。根据发达国家的历史记录,城市化水平达到 70% 城市化进程才会放慢并逐渐稳定在 80% 以上,此后城市化还会以几个千分点的速度继续发展。今天美国的农业人口不足 3%。另一方面,现在到 2030 年也是人口老龄化程度快速提高的时期。农民变为市民要住房,老年人要改善居住环境,这些都将推动房价以每年 10%～20% 的速度持续增长,同时推动城市生活区向环城市 20 公里圈推进。

　　未来将有更多的村庄被纳入到城市发展规划里,还会有新的"城中村"出现,"城中村"现象在我国城市化进程中将是一个长期现象。"城中村"作为非正规城市化空间,由于外来移民创建的各种非正规部门的集聚,使其较单纯的低成本移民聚居区具有了更为复杂的空间结构和管理关系。传统的亲属体系、家庭关系、婚姻关系、邻里关系,以及他们道德观、文化观和价值观,还有文化传承、农业文明传承等问题,都将随着社会的城市化变迁而发生裂变。"城中村"在现代城市生活中扮演着重要角色,一方面有效地解决了农民工、刚毕业的大学生、一些打工的低收入者、短期内无法购买高价房屋的中层收入群体,以及在企业上班的一些白领阶层的住房难题;一方面"城中村"的存在降低了整个城市的运营成本,由于劳动者居住成本的降低,降低了企业雇佣的劳动成本,从而促动城市经济的发展,同时整个城市的服务成本降低。因此"城中村"的存在对城市的发展有积极的作用。但由于在城市化快速发展中,"城中村"缺乏统一规划和严格管理,不可避免地给城市规划、建设和管理带来了许多环境和社会问题。而"城中村"是农民向市民转化的落脚地,直接影响着我国

---

　　① 李培林等.2012 社会蓝皮书[R].中国社会科学院研究所.2012.

的城市化进程。

反观西方19世纪中期至20世纪早期清除贫民窟的历程,虽然采取的措施多种多样,但是由于忽视了社会问题、人的城市化问题,单纯从解决住房问题入手,以致花费了100年才基本解决居住问题,且贫民窟现象至今存在。忽视社会问题和人自身发展的问题,匆忙改造是一个误区,有可能将让城市在未来付出更大的代价。有了前车之鉴,我们需要重新审视"城中村"的问题,它绝不仅仅是一个空间环境的问题,也不是一个通过地产开发就能解决的问题,而是一个关系社会稳定、社会公平和城市协调发展的综合性问题。"城中村"的城市化发展并不意味着农民的终结,农民能否顺利地融入城市,完成市民化,是一个比空间变迁和居住模式改变更为复杂的问题。对于绝大多数农民来说,融入城市或许应该是一个通过代际转换方可完成的问题,其过程充满了矛盾、排斥和冲突。

体育作为恢复人的本质与体现人价值的生活活动,作为人类文化和精神文明建设的一个部分,它在人们树立健康的生活方式、培养竞争意识、拓展"开放"的视野、丰富充实情感生活、培养良好的素质以及培养良好的家庭和邻里关系等方面都起着重要的"载体"作用,它的发展程度是社会文明程度的标志之一。

1.2 全体公民都有公平、公正、平等享受体育的权利

十九大报告[①]提出:"使发展成果更多更公平惠及全体人民。"人们注意到,自十六届四中全会提出构建和谐社会目标以来,我们党就把保障社会公平正义摆到了更加突出的位置。十八大报告提出公平正义是中国特

---

① 习近平. 决胜全面建成小康社会夺取新时代中国特色社会主义伟大胜利——在中国共产党第十九次全国代表大会上的报行[Z]2017.

色社会主义的内在要求,"加紧建设对保障社会公平正义具有重大作用的制度,逐步建立以权利公平、机会公平、规则公平为主要内容的社会公平保障体系,努力营造公平的社会环境,保证人民平等参与、平等发展权利"。强调"更公平",是"以人为本"理念的进一步深化和细化,是将以更大力度改善民生和加强社会建设的明确信号。"使发展成果更多更公平惠及全体人民"。逐步建立以权利公平、机会公平、规则公平为主要内容的社会公平保障体系,强调"更公平",是"以人为本"理念。所有公民都应该享有同样的体育权利,不能在权利分配中重视一部分人的利益而忽视另外一部分人的利益。体育公共服务的供给要具有普遍惠及性,把体育权利转化为具体的体育利益,通过体育公共服务的均等供给实现公民体育权利,使每一个公民都能享有改革开放带来的社会成果,也就是在体育公共服务的供给中,体育资源的配置应该使城市社区体育及"城中村"体育协同发展,体育公共服务产品应该为全体公民所享用。在体育公共服务的供给中,必须以公平正义、人权保护等公共价值观念为指导,使"城中村"居民的体育权利通过体育公共服务的供给表现出来。充分发挥体育在构建城市和谐发展的社会作用,促进体育事业快速、稳定、可持续发展。

1.3　建立健全体育基本公共服务体系是"十三五"发展规划的重要任务之一

　　"十三五"发展规划体系[①]指出:"十三五"时期,要本着尽力而为、量力而行,统筹城乡、强化基层的原则,进一步创新体制机制,增强公共服务供给能力,加快建立健全符合国情、可持续的基本公共服务体系,努力提

---

① 国家基本公共服务体系"十三五"规划,中国网 www.china.com.cn.

升基本公共服务水平和均等化程度,推动经济社会协调发展,为全面建成小康社会夯实基础。刘鹏[1]也指出:建设公共体育服务体系要坚持以人为本,面向基层、保障基本、服务群众,要立足基本国情,立足群众参与体育、享受体育的需求,建设群众身边的场地设施,建立健全群众身边的体育组织,开展群众身边的体育活动,使群众的体育权利得到充分保障;坚持政府主导,牢牢把握公共体育服务的公益性质。

---

① 刘鹏.完善公共体育服务体系要准确把握诸多理论和实践问题[N],中国体育报,2021-11-28.

2 研究创新和研究意义

2.1 研究创新

本研究的创新在于:其一,从研究方法上,以都市人类学实地研究为主,借鉴社区研究法,应用客观的态度和严谨的科学范式,对"城中村"体育进行亲身经历考察,对观察、搜集、记录、整理的大量文字资料、音响资料、视频资料,运用社会学的统计方法进行处理,以确保研究的客观性。在进行每一个领域的研究中,首先建立一个理论基础分析框架,使每一个被观察对象都在这个理论分析框架下进行,确保每一个观察的对象都与一个清晰的理论命题相联结,以保证所有参与观察的对象,都是在相对客观的理论基础上进行,在操作过程中,遇到每一个问题,都不是一种研究方法能完成的,基本上,每一个问题研究,都综合运用了社会学和人类学方法。这样的指导思想贯穿整个研究过程,人类学和社会学研究法的混合运用,参与观察研究对象的整个过程,应该还是比较独特而新颖的方法运用。

其二,以动态的故事描述为写作方式,强调研究主体的能动性。分析"城中村"居民作为体育活动参与主体的自我认同,赋予事件以中心性的位置,以个人、家庭、邻里、朋友为关系纽带,以日常生活中的体育行为为着眼点,侧重在"城中村"各个阶层的真实的体育活动情况及形成和运行的逻辑。聚焦他们社会类属和群体符号边界的生成以及在城市中现代体育项目的体验与获得,全面考察他们与生活中其他人群互动的体育方式。在体育领域的研究应该是比较独到和新颖的。

其三,研究的切入点上,以"城中村"居民的居住空间、休闲活动空间和公共空间作为切入点,进入居民的体育生活,参与观察他们的体育生活方式。"城中村"不是一个封闭的社会,它是城市的一部分,"城中村"居民的生活也不是一个封闭的生活,必然要和周围的城市空间发生各种各样互动和交往。"城中村"仅仅是居民居住的一个空间,因此在考察居民的体育活动时候,绝不能仅仅局限于他所生活的空间。都市的社会网络通常不局限于一个固定的区域,它从起源的地方拓展到更为广泛的居住区域当中。由于都市体育文化和都市体育环境的多样性及复杂性。"城中村"在城乡二元文化碰触、冲突和融合中,从体育的社会结构、体育活动方式、体育消费水平、体育思维观念都要和城市重新整合。以"城中村"居民参与体育的空间为切入点,通过体育纽带把"城中村"居民和城市居民连接起来,促进社会融合,这既是本研究切入点的目的创新也是也是本研究的理论创新。

其四,从理论层面上,在"城中村"居民体育的研究事实中采取都市人类学这一理论视角,将"城中村"居民体育活动放置于城市空间脉络中,将城市视为研究该主体体育活动的背景,将该主体日常的体育活动,依据他们的生活区、休闲区和工作区三个空间进行亲身考察,以期揭示城市发展实践中,国家、群体、个人在"城中村"居民体育生活的实践中支配性意义的历史构建,揭示该主体在生活区、休闲区和工作区三个空间从事的体育活动的形式及变化过程,以期揭示该主体的体育活动的实际图式、策略,将"城中村"居民参与体育的空间过程与城市社会结构结合起来。这些都是比较有独创性的。从经验事实到"城中村"居民体育空间的实践,我们看到了一种"城中村"居民体育生活真实的存在,可以说,通过对

"城中村"居民体育参与观察研究,将"城中村"居民体育生活这一构成要素,纳入到都市人类学理论分析中来,从某种意义上来讲,具有开创的意义。既丰富了都市人类学理论,又发展了体育人类学理论,为体育人类学理论研究拓展了新的研究领域。

2.2 研究的意义

2.2.1 研究的理论意义

凯文林奇指出,"无论在任何社会背景中,空间的控制对环境品质都很重要……尤其在一个变迁、多元、权力分配不均、问题尺度大的社会中更是关键……使社区控制自己的空间成为事实,需要在我们经济、政治权力与生活方式中有一些剧烈的变革。"[①]从都市人类学空间视角出发,从"城中村"居民的体育生活方式出发,以其内部的异质性存在为前提,揭示其不同的体育生活方式和体育存在形式,将"城中村"居民看作一个主动寻求现代化的"主体",结合宏观的社会结构和社会制度变迁为背景,对这一过程进行合理的解释,通过长期的实地调查研究,描述城市化过程中,"城中村"居民在日常生活中,体育活动的参与和抉择,以此来说明"城中村"居民的体育生活和体育世界观,进一步丰富"城中村"理论研究,依据不同的工具和手段,为原有"城中村"研究提供一种新的观察、体验和理解,建立一种新的知识体系和符合"城中村"居民的体育生活情景的现代现代知识论和研究范式,超越传统的理论视域,无疑具有理论价值。通过"城中村"居民在不同的空间参与的体育活动,并在个案研究的基础上对"城中村"居民在不同的空间参与的体育活动类型以及参与的

---

① Kevin Lynch. *A Theory of Good City Form*[M],Cambridge,Mass:MIT Press,1981:218.

方式展开研究,为一种"新型社会空间"的都市人类学研究提供新的经验和理论探讨,在理论上为"城中村"居民通过参与体育活动,促进其市民化,获得政府与社会的制度及多样化的政策支持找到一种实现依据。体育促进"城中村"居民城市化过程中具有独特的场域和逻辑功能,决定了体育在促进"城中村"居民城市化具有不可替代的功能,这种理论创新,为实现"城中村"居民的社会融入提供了一种新的思考方式、新的理论视角。居民的社会融入提供了一种新的思考方式、新的理论视角。

2.2.2 研究的现实意义

在实践层面上,体育是促进人城市化的重要手段,但是现实中,"城中村"居民体育活动实现取决于两个方面的因素:客观的社会环境、个体的体育观念和态度。不是体育公共服务体系健全了,居民就有了体育生活方式,这个过程完成可能需要一个更长的时间。本研究希望对"城中村"居民体育生活方式的关注和探讨,以及他们在城市空间中体育运动的轨迹的都市人类学解释,为城市化过程中,解决"城中村"居民的问题,以及如何实现他们向"市民化"转变提供一种决定思路和例证。进一步为引导、培育与推进我国"城中村"居民的发展提供理论参考和现实依据,把"城中村"居民置于整个城市发展的背景中,实现他们参与体育权利和维持健康的权利。发展"城中村"体育是建设中国体育事业发展的需要,也是城市化健康发展中不容忽视的问题。在我国,城市体育正向社会化、社区化、家庭化、设施配套化、活动内容多样化和高档化方向发展。"城中村"是城市社区的一种类型。从我国体育公共品供给资源配置来看,国家资源的分配以保证城市需求为优先目标,形成了严重偏向城市的资源分配体制,使城市在发展过程中获得了更多的要素资源的支持。在我国城市体育统一规划中,由于城市发展的需要,体育公共品供给机制先讲求效率,其次才是公平,造成政府对"城中村"体育公共产品供给是一个薄弱环节,提供给居民的体育公共品相当匮乏,使我国体育公共服务的发展呈现出明显的非均等化态势,这种差异,导致了体育要素流动、体育资源分配以及体育权利的安排等方面出现了不均衡现象,使"城中村"居民无法参与体育运动及享受体育运动,由此还产生了一系列的社会问题。随着城市的发展,越来越多的"城中村"被纳入城市中来,它要求在统一规划城市体育建设中,无论是在健身设施服务方面、健身组织服务方面、健身指导服务方面、体育活动服务方面以及体育在信息咨询服务方面,都要把"城中村"体育发展纳入城市发展的统一规划中。关注"城中村"这一特殊群体的体育生活方式,为推进城市化健康发展,按照科学发展观,把"城中村"体育资源配置纳入到城市整体规划中,实现"城中村"体育公共资源与城市协调、可持续发展具有重要现实意义。

3 研究的理论基础与研究现状

3.1 基本概念的界定

3.1.1 "城中村"

"城中村"的概念是经历了一定的历史时期才形成的。1989 年,顾朝林、熊江波从国外引入了"城市边缘区"的概念,开始了国内学者对这一领域的研究,之后学界把"城中村"称为"城乡边缘带"[①](张建明,1998)、都市里的村庄(李增军,1995)、城市里的乡村(敬东,1999)[②]等,近年来的研究逐渐统一于"城中村"的提法,"城中村"被约定俗成地广泛运用于学术论文、媒体报道、政府文件里。国内学者对"城中村"定义的角度、着眼点各有不同。田莉[③](1998)认为"城中村"即"城市里的乡村",是在空间形态、功能结构等方面与所处城市反差极大,亦城亦乡、亦农非农的社会

---

① 张建明. 广州"城中村"研究[M]. 广东人民出版社,2003:44.
② 敬东."城市里的乡村"研究报告——经济发达地区城市中心区农村城市化进程的对策[J]. 城市规划汇刊,1999,23(9):8 – 12.
③ 田莉."都市里的乡村"现象评析——兼论乡村—城市转型期的矛盾协调发展[J]. 城市规划汇刊,1998,05:54 – 56.

群落。李培林①(2003)认为"城中村"是在城市和村落之间存在着的"混合社区"。该社区既表现为一种地理实体的存在,也表现为一种组织化实体的存在。谢志岿(2004)认为"城中村"是在急剧城市化过程中,由于未能参与新的城市经济分工和产业布局导致的原农村居住区域、人员和社会关系等被就地保留,以地缘关系和血缘关系而不是以业缘关系和契约关系为基础形成的社区。蓝宇蕴②(2005)给"城中村"的定义是特指与传统小农村社共同体相对应、相区别的一种村社型组织,是以行政村庄为边界,建立在非农产业经济基础之上,并在非农化过程中依赖自身的经济、权力、历史、文化和社会心理等资源进一步凝聚起来的共同体组织,具体包括工业化的新型村社共同体与后工业化的新型村社共同体。陈云(2008)把"城中村"界定为一种嵌入城市区域的村庄,是由农村社区向城市社区转型中的过渡型社区。

依据上述学者对"城中村"概念的理解,以及笔者在"城中村"调研的实地情况,本研究认为所谓"城中村",就是指在繁华的城市里或城乡结合部,那些没有或只有很少农田,农民已经基本不务农,农民部分甚至全部转变为城市居民,本地居民与外地居民混居在一起,但依然保留农村管理体制的一种村社型组织。

3.1.2 "城中村"体育

"城中村"体育,就是指在"城中村"居住的居民,以健康、锻炼身体、休闲娱乐、游戏、养生、娱乐身心、社会交往为目的,而进行的各种形式的体育活动。这里所指的居民既包括本地居民也包括外来居民。

---

① 李培林. 村落的终结——羊城村的故事[M]. 商务印书馆,2004:03.
② 蓝宇蕴. 都市村社共同体———有关农民城市化组织方式与生活方式的个案研究[J]. 中国社会科学. 2005,02:145.

3.1.3 "城中村"体育生活方式

生活方式是不同的个人、群体或全体社会成员在一定的社会条件制约和价值观念指导下所形成的满足自身生活需要的全部活动形式与行为特征的体系。基本要素分为生活活动条件、生活活动主体和生活活动形式三个部分。生活活动条件包括气候、山川、地貌等地理环境、宏观社会环境以及直接生活于其中的微观社会环境。生活方式的主体分个人、群体(从阶级、阶层、民族等大型群体到家庭等小型群体)、社会三个层面。任何个人、群体和全体社会成员的生活方式都是作为有意识的生活活动主体的人的活动方式。生活活动形式是指生活活动状态、模式及样式。

所谓"体育生活方式"①就是指:在一定社会客观条件的制约下,社会中的个人、群体或全体成员为一定的价值观所制导的满足多层次需要的全部体育活动的稳定形式和行为特征。体育生活方式的结构可分为三个部分:体育活动的条件,即人自身、自然和社会的条件;体育活动的主体,即个人、群体和社会;体育活动的形式,即活动项目、内容及组织形式等。

3.1.4 "城中村"居民及其人口结构

《新华字典》解释居民是指固定住在某一地方的人。本研究认为"城中村"居民,就是指固定住在"城中村",长期从事生产和消费的人或法人。本研究引用"居民"概念而不是"村民"概念,是因为在"城中村"居住的人口结构比较复杂,这里既有当地农民,又有当地农转非的居民,也有农转工的工人、退休工人,还有大量形形色色的外地人口,用"村民"这一称呼,远远不能涵盖其人口的全部,而"居民"的概念则能涵盖在"城中村"中居住的所有人口范畴。凡是居住在"城中村"的人口,都是本研究的研究对象,因此本研究采用"城中村"居民这一概念。居住在北京"城

---

① 苗大培.论体育生活方式[M].北京体育大学出版社.2004:158-16.

中村"居民的具体详细构成结构如图3-1。

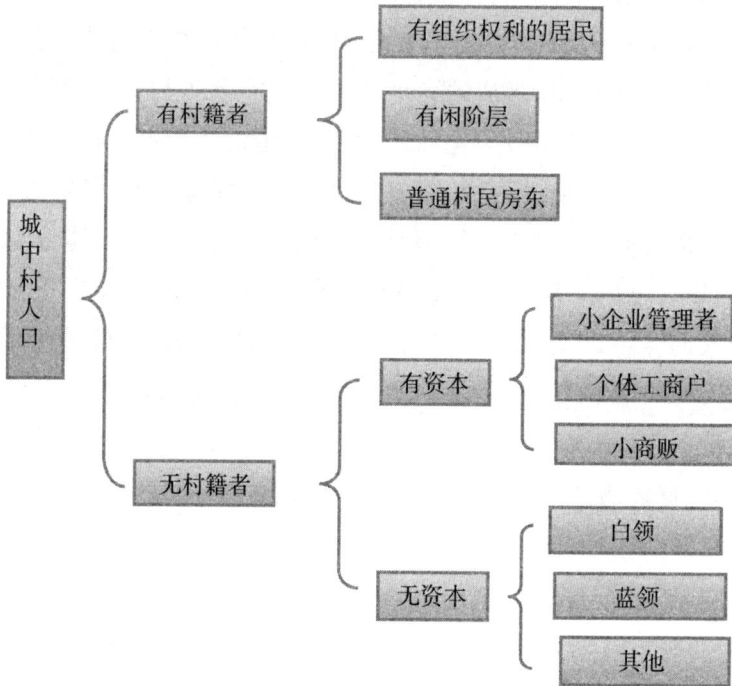

图 3-1　"城中村"人口结构图

3.2　理论基础

3.2.1　都市人类学理论

　　都市人类学(Urban anthropology)理论和研究方法来源于人类学,是人类学的一个分支,主要研究都市对人类行为的影响,涉及的领域及议题有都市的基本组织及职能、都市中的族群与族群关系、乡村移民、贫穷与新自由主义等①。《简明文化人类学词典》②把都市人类学定义为是以人类学的方法研究分析都市及都市社区的演变规律、结构、类型、生活方式、社会组织、都市病态及其解决方法等问题的学科。迈克尔·班顿③(Bernard P. Banton)以迁居者为经纬,讨论了原居地以及新居地一些制度的变迁与迁居者的适应情况。当国家权力虚弱的时候,传统纽带(Traditional ties)中的亲族关系就成为"信任图"(Charts Of Trustworthiness)的核心。事实上,都市人类学家由于巧妙地结合了整体的、跨文化的与进化的研究,创造了人类学研究当代社会诸问题的研究模式。④ 通过考察都市的社会组织,关注都市独有的社会关系类型和社会生活模式。将都市不同的文化历史背景进行比较。把都市本身作为研究的场景而不是研究本身,将人类学理念和田野调查方法运用到了实际研究中。在研究方法上,借鉴社会、经济学、政治学,逐渐形成都市人类学研究的常规方法,除了重视实地调查,引用第一手资料之外,还注重运用随机抽样、问卷调查、跨文化比较法、情景分析法及网络分析方法、时间历史分析法等。研究主题也由起初的移民文化扩展到贫困、社会结构和阶层、少数民族的适应、种族邻里、城市人群等。

中国都市人类学专家从不同的角度,对"城中村"的发展给予了长足的关注,他们认为"城中村"是城乡互动的一个缩影⑤。但是都市人类学专家对"城中村"体育的发展问题则少有涉及。体育作为一种社会制度是以一定的原则为基础的,性别、年龄、地域、亲属,是一切人类社会结构

---

① Ulf Hannerz. Exploring the City:Inquiries Towardan Urb an Anthropology[M]. Columbia University Press. 1980:01.

② 陈国强主编. 简明文化人类学词典[M]. 浙江人民出版社,1990,08:47.

③ Michael Banton. Encyclopedia of nationalism,Paragon House[M]. 1990:68-69.

④ 尹建中. 研究都市人类学的若干问题[C]. 李亦园编《文化人类学选读》. 台湾食货出版社,1980:58-60.

⑤ 麻国庆,比较社会学:社会学与人类学的互动[J]. 民族研究,2000,04:34.

的最基本的原则①。通常体育运动是一个社会团体活动的中心,都市中移民和原住民的原体育文化节日,在促进社会组织内部的凝聚力,具有特殊的重要作用。像美国意大利人的博西球(Bocci),英格兰的印度人的卡巴迪(Kabaddi)等运动的举行就促进了民族稳定,体现了体育的社会情感功能。我们需把"城中村"体育发展放在具体的都市环境背景中去考察,分析"城中村"体育文化的成因,把握"城中村"体育发展的脉络以及"城中村"体育发展的特征和影响因素,如何在发展的同时避免和消除都市体育发展的不平衡性,提高都市化体育发展的效率及质量。作为一门理论和应用并重的学科,都市人类学应以其独特的视角讨论"城中村"体育发展的社会问题。

3.2.2　人的现代化

英克尔斯认为②"一个国家可以从国外引进作为现代化最显著标志的科学技术,移植先进国家卓有成效的工业管理方法、政府机构形式、教育制度以及全部课程内容。马克思主义指出,人的全面发展主要包括三个方面的含义:一是人的身心的全面发展;二是人的活动能力的多方面的发展;三是个体和社会的协调统一和全面发展。马克思的全面发展理论,就是使人的智力、体力、性格和潜能均得到充分发展和自由运用。我国学者高清海、余潇枫认为,人的现代化就是价值观念从传统向现代的转变。在《"类哲学"与人的现代化》③一文中,作者从"类哲学"的角度去分析人的现代化。就其实践价值来说,它是揭示人的现代化发展趋势所应有的新哲学形态,是把握当代人类生存意义所依据的新价值坐标,也是指导我国人的现代化实践并实现"类人格"的自觉意识。

---

① ［英］雷蒙德·弗思著,费孝通译. 人文类型[M]. 商务印书馆.1991:77.
② A. 英克尔斯,D. 史密斯著,顾昕译. 从传统人到现代人[M]. 中国人民大学出版社.1992:34-45.
③ 高清海,余潇枫."类哲学"与人的现代化[J]. 中国社会科学.1999,01:74.

伴随着我国现代化进程的推移,传统的乡村逐步被现代都市包围,或为都市化所改造,在我国形成了大量的亦城非城的"城中村",而旧时代遗留下来的城乡差别依然存在。城市化实质上是人的都市化,他不仅是居民居住地的转变,更重要的是居民生活方式的转变,是工业化过程所造成的物质生产方式延伸到社会生活、直至精神生活方面的一系列转变过程。

3.2.3　社会控制与社会失范

美国社会学家 E. A. 罗斯①(Edward A. Ross,1901)在《社会控制》一书中首次从社会学意义上提出社会控制的概念。E. A. 罗斯认为必须用社会控制这种新的机制来维持社会秩序,即社会对个人或集团的行为进行约束。他还认为,舆论、法律、信仰、社会暗示、宗教、个人理想、礼仪、艺术乃至社会评价等,都是社会控制的手段,是达到社会和谐与稳定的必要措施。自从罗斯提出社会控制这一概念以来,社会控制就成为社会学的一个重要领域。

社会规范②具有一系列的功能。它最终约束社会成员的行为,对社会成员起着调节、选择、系统、评价、稳定与过滤作用,并限定着人与人之间的关系,维持其相互依赖、保持沟通、以推进不同社会群体和社会成员相互合作,使人们的行为符合社会成员认同的行为模式,以维护社会秩序。19 世纪让·马利·居约认为:③"失范是一种有创造力的新生事物,是一种非常好的性质。"社会学家迪尔凯姆在《社会分工论》④(1893)中,

①　詹姆斯·克里斯(James Chriss 著),纳雪译. 社会控制[M]. 电子工业出版社. 2012, 05,10:35 - 55.
②　李毅. 社会学概论[M]. 暨南大学出版社. 2011,03:200 - 213.
③　国雅克·马利坦著,刘有元,罗选民译. 艺术与诗中的创造性直觉(现代西方学术文库)[M]. 生活·读书·新知三联书店. 1991,01:123.
④　涂尔干著,渠东译. 社会分工论(新版)[M]. 生活·读书·新知三联书店,2013,02: 157 - 255.

将居约的"失范"概念引入社会学中,从而使这个概念广为人知。杰克·D. 道格拉斯艾、弗兰西斯·C. 瓦克斯勒的《越轨社会学概论》①将失范解释为:"一种准规范缺乏、含混或者社会规范变化多端,以致不能为社会成员提供指导的社会情境。"

埃赖·迪尔凯姆②认为工业革命对社会经济结构、价值观取向、文化认同、社会关系等方面产生了深刻的影响与变迁,农业社会向工业社会转变,旧有的宗教信仰、价值观念、道德体系已经被解构,而工业社会所需要的社会机制、价值体系、道德秩序等并未建立,这样,社会的某些方面便受到不适当的控制,因此,社会就会处于失范状态。他还把失范与现代社会的病态相联系。他认为③,失范只是暂时的规则匮乏状态,社会习俗仍旧可以规定和协调新的社会器官和功能及其相互关系,失范主要指一种对个人的欲望和行为的调节缺少规范,制度化程度差,因而丧失整合的混乱无序社会状态。

美国社会学家罗伯特·金·默顿④(Robert King Merton)深化了迪尔凯姆的失范理论,他从功能主义的观点出发,把社会结构引入了社会失范的研究领域,并应用分析犯罪现象。罗伯特·金·默顿⑤将失范的含义由无规范更改为规范冲突,他认为社会越轨行为是社会结构的产物,个体行为与社会结构有紧密的联系,社会结构失范则必然会导致个体行为失

---

① 杰克·D. 道格拉斯,弗兰西斯·C. 瓦克斯勒著,张宁,朱欣民译. 越轨社会学概论[M]. 河北人民出版社,1987,03:46.
② 埃米尔·迪尔凯姆. 社会学方法的准则[M]. 商务印书馆. 1995,12,01:80 – 102.
③ 埃米尔·迪尔凯姆著,冯韵译. 自杀论[M]. 商务印书馆. 1996,12,01:138 – 205.
④ 罗伯特·金·默顿(Robert King Merton):美国著名的社会学家,科学社会学的奠基人和结构功能主义流派的代表性人物之一. 在《社会理论与社会结构》(1949)中论述社会失范理论.
⑤ Merton, Robert King. Social Theory and Social Structure [M]. New York:Free Press. 1957:260 – 344.

范。社会价值观①确定了社会追求的目标,而社会规范界定了达到目标
可采用的手段。根据这一理论,伯特·金·默顿划分了五种个人适应模
式②,即顺从者、创新者、形式主义者、逃跑主义者和反叛者,只有顺从者
类型是合法的,其他几种方式都会有越轨行为。但人们也可以通过遵从、
创新、仪式主义、退却主义和造反等不同方式(后四种属于越轨行为)去
适应这种失范,以这些方式去抵制社会规定的目标或手段,抑或同时抵制
它们两者。

在体育领域里,西方社会学者,埃里克·G. 邓宁、帕特里克·墨菲、
约翰·迈克尔·威廉斯(1988 年)在《足球流氓根源》一书中,认为足球
流氓是社会发展到一定阶段,由于社会秩序混乱和阶级冲突引起的一种
社会失范现象③。史蒂芬·彼得·马什④(2005 年)在《足球流氓》一书中
认为,足球流氓不能很好地融入文明社会,是因为他们的组织结构和社会
主流组织结构联系纽带是一种断片性的捆绑,具体表现为失业、贫困、男
性中心主义,以及这些问题造成的人与人之间的强烈攻击性、强迫性、狭
隘性的特点。

无论是社会学者还是体育学者,他们对社会失范行为的理论分析,都
着重强调社会转型期的社会道德、文化价值观的建构,目的是建立合理的
社会结构和社会秩序,促进社会整合和良性发展。当代中国社会正处于
历史性转型过程中,中国社会转型是浓缩的、急剧的,具有一定的社会风

① Merton, Robert King. Social Structure and Anomie [J]. American Sociological Review.
  1938, 03: 672 – 682.
② Merton, Robert King. Social Theory and Social Structure [M]. New York: Free Press.
  1957: 264 – 265.
③ Eric G. Dunning, Patrick J. Murphy, John Michael Williams. The Roots of Football Hooli-
  ganism: An Historical and Sociological Study [M]. Routledge & Kegan Paul, Limited,
  1988: 203 – 255.
④ Steve Frosdick, Peter MarshFootball Hooliganism [M]. Taylor & Francis, 2005, 07, 01: 197
  – 220.

险,包含失业、社会分化、犯罪、社会不安、公害等社会代价。社会失范可以表现很多情景,如社会秩序的破坏、离轨、犯罪现象的增多,社会生活中道德的败坏、腐败的盛行等。这种现象在我国城市化进行过程中,大多数"城中村"社区表现得尤为突出。以社会失范理论解释发生在"城中村"中的体育赌博、体育犯罪等社会越轨行为,试图运用社会控制理论框架构建"城中村"体育的社会结构、社会规范制度,是本书研究"城中村"体育现象的另一个理论支撑。"城中村"的社会体育结构和规范制度对控制发生在"城中村"体育越轨行为起着关键的作用。

3.2.4 社会冲突

马克思是社会冲突理论的创始人。他在《共产党宣言》中指出:"至今一切社会的历史都是阶级斗争的历史。"[1]之后韦伯以马克思的阶级斗争理论作为自己的冲突理论的论述起点,认为冲突是情感性觉醒的结果。齐美尔认为当群体内凝聚力越强,超越成员个人利益和目标的程度越高,冲突的可能性越大。1956 年科塞尔在《社会冲突的功能》[2]一书中,认为冲突有维持社会稳定和安全阀的作用。他指出各个社会都存在着这样一类制度或习俗,它作为解决社会冲突的手段,能为社会或群体的成员提供某些正当渠道,将平时蓄积的敌对、不满情绪及个人间的怨恨予以宣泄和消除,从而在维护社会和群体的生存、维持既定的社会关系中,发挥"安全阀"一样的功能。1957 达伦多夫年在《工业社会中的阶级和阶级冲突》[3]中,认为任何社会组织都是强制性协调的联合体,社会学不仅需要

---

[1] 卡尔·马克思,弗里得里希·恩格斯. 共产党宣言(又译《共产主义宣言)[M]. 中央编译局. 1998:109 – 110.

[2] Lewis A. Coser. The functions of social conflict[M]. New York: The Free Press, 1956:22 – 23.

[3] Ralf Dahrendorf. Class and class conflict in industrial society[M]. Stanford Univ Pr. 1959, 06:44 – 46.

一种和谐的社会模型,同样需要一种冲突的社会模型。1957 年格尔兹在其《仪式与社会变迁:一爪哇案例》①一书中,认为冲突的发生是因为社会变迁的缘故。即人口增长、城市化、现代化、职业分化等,发生综合作用,削弱了农村社会结构的传统纽带,伴随这些结构变迁出现的各种教义影响,干扰了早期特有的宗教信仰和实践。

马克思和韦伯认为,经济动力在整个社会秩序形成过程中起着重要作用。处于不同社会经济地位的群体拥有不同的体育生活休闲方式,这种体育休闲方式,一方面通过参与共同的体育活动把他们紧密联系起来,另一方通过他们所拥有的某种体育服务的特殊权利和其他群体区别开来。当从事某种体育休闲活动被看作一种社会价值和社会地位的象征时,体育的不平等和体育社会分层就体现出来了。1997 年美国体育社会学家杰·科克利(Jay J. Coakley)②以冲突理论为依据,从性别、种族、经济不平等方面,探讨了体育运动的历史、体育与社会化、体育运动中的偏离行为和攻击行为等问题。社会排斥是阻碍人类可持续发展的最大问题,人类面临的弱势问题不仅仅只是收入贫困,而且还包括社会权利、政治权利等的缺乏或已有的权利受到侵害。③ 体育社会排斥表现在很多方面,如性别、民族、年龄、地域、失业、受教育程度及经济地位等。2002 年,英国调查的青少年体育参与的情况表明,贫困家庭孩子参与尝试和学习新型体育项目及参加体育俱乐部的机会不多。贫穷剥夺参与体育活动的

---

① Clifford Geertz. Ritual and Social Change:A Javanese Example[M]. American Anthropologist. 1957,01:32 – 54.

② Jay J. Coakley. Sports in Society:Issues and Controversies[M]. McGraw – Hill Higher Education. 1997,08:34 – 36.

③ 丁开杰. 西方社会排斥理论:四个基本问题[J]. 西方动态研究. 2009,10:10.

力①。格尔茨②在《深层的游戏:关于巴厘岛斗鸡的记述》一书中,指出斗
鸡在巴厘岛人的生命中居于重要地位。它不仅仅是一种体育娱乐行为,
还象征着一种荣誉和尊严。

斗鸡表面上是赌钱,其实是巴厘岛人把社会地位等级移入到这种体
育比赛的形式中。本研究试图运用冲突理论来分析我国"城中村"体育
发展的不平衡、不平等现象、居民参与体育的社会冲突与融合、"城中村"
体育社会分层以及体育社会排除等现象,探寻社会转型期我国"城中村"
居民体育权力与资源分配不均衡的原因,实现"城中村"居民参与体育的
表达路径。

3.3　研究综述

3.3.1　乡村社会变迁与乡村生活变迁的研究

在自然经济占统治地位的小农社会里,比邻与一个村落的人群,可以
鸡犬之声相闻老死不相往来。在生产商品社会、社会化、现代化的当代社
会,栖息在一亿五千万平方公里地球陆地上的 50 亿人,却有如共居在一
个村落里,彼此息息相通,往来不绝。随着科学,日新月异的发展,新技术
革命的迅猛前进,世界经济多样化的联系日益紧密,地球村的居民的相互
依赖日甚一日。当今的世界是一个经济全球化的世界,科技的发展,信息
的传递,逐渐使地球变成一个大的开放社区,世界的格局正在发生激烈的
演变,以经济为龙头的全球化正在带动其他领域,迅速地浸透到世界的各

---

① 熊欢. 身体、社会与体育:西方社会学理论视角下的体育[M]. 当代中国出版社. 2011,
　07:95.

② Clifford Geertz. The Interpretation of Cultures:Selected[M]. Essays Basic Books. 1973:455
　-467.

个角落。在这一背景下,传统的封闭乡村已经不复存在,面对这一变化,人类学者试图从各个角度对社会变迁和人类生活境遇做出各自的解释,而乡村现代化是每一个学者必须面临的课题。

20 世纪 80 年代美国人类学家克莱德·M. 伍兹在其著作《文化的变迁》①中对欧美人类学界研究社会文化变迁理论、研究方法和相关文献作了一个历史性的梳理和阐述,提出:"人类学及其社会科学家再也不能够被动地停留于简单的变迁影响的研究。我们必须应该用我们的知识和技能,努力缓解世界性的事变,如发展现代化、工业化和都市化所带来的普遍社会分裂。"罗吉斯、伯德格②在《乡村社会变迁》指出:"社会变迁像一条红线一样,贯穿了整个乡村社会。商业、学校、教会、农场以及社区都在走向联合,农民不再是一副乡巴佬的样子,乡村人与城市人的价值观越来越接近,变迁影响了农民,同样也震动了那些居住在小城镇和城郊的人。发生在美国的变迁也同样发生在其他国家,不发达国家的千千万万农民开始进入现代化。作者从职业、家庭等几个方面论述了农村社会的变迁,从理论上分析了农村发展与现代化的过程。同时,对制约农村现代化的种种因素作了较详尽的分析。作者的分析虽然以美国农村的变迁为主要线索,但并没有局限于美国一个国家的农村变迁,而是广泛地涉及到了拉丁美洲、亚洲和非洲等发展中国家的农村变迁。

20 世纪之中国乡村社会变迁,是一个相对独立的研究领域,在中国出现了一大批有关乡村社会变迁的优秀著作,比如,Huang P C③(1986)《华北的小农经济与社会变迁》,陈吉元④(1993)《中国农村社会经济变

---

① 克莱德·M. 伍兹著,何瑞福译. 文化变迁[M]. 河北人民出版社,1988:3 - 8.
② 罗吉斯伯德格著,王晓毅译. 乡村社会变迁[M]. 浙江人民出版社,1988,05:11 - 12.
③ Huang P C. 华北的小农经济与社会变迁[M]. 中华书局,1986:13 - 15.
④ 陈吉元. 中国农村社会经济变迁(1949—1989)[M]. 山西经济出版社,1993:22 - 23.

迁:(1949—1989)》,王春光①(1996)《中国农村社会变迁》,龚维斌②(1998)《劳动力外出就业与农村社会变迁》,乔志强、行龙③(1998)《近代华北农村社会变迁》,龚维斌④(1998)《劳动力外出就业与农村社会变迁》,周沛⑤(1998)《农村社会发展论》,曹锦清⑥(2000)《黄河边的中国:一个学者对乡村社会的观察与思考》侯建新⑦(2002)《农民,市场与社会变迁/冀中11村透视并与英国乡村比较》,李佐军⑧(2000)《中国的根本问题:九亿农民何处去》,李学昌⑨(2001)《20世纪南汇农村社会变迁》,周祝伟、林顺道、陈东升⑩(2001)《浙江宗族村落社会研究》,游海华⑪(2001)《劳动力的流动与农村社会经济变迁》,杜润生⑫(2003)《中国农村制度变迁》,孙立平⑬(2003)《断裂:20世纪90年代以来的中国社会》,曾绍阳、唐晓腾⑭(2004)《社会变迁中的农民流动》,温锐、王春光⑮(2005)《农村社会分化与农民负担》,黄海⑯(2008,博士论文)《当代乡村

① 王春光.中国农村社会变迁[M].云南人民出版社,1996:10-11.
② 龚维斌.劳动力外出就业与农村社会变迁[M].文物出版社,1998:8-9.
③ 乔志强,行龙.近代华北农村社会变迁[M].人民出版社,1998:10-12.
④ 龚维斌.劳动力外出就业与农村社会变迁[M].文物出版社,1998:13-17.
⑤ 周沛.农村社会发展论[M].南京大学出版社,1998:8-11.
⑥ 曹锦清.黄河边的中国:一个学者对乡村社会的观察与思考[M].上海文艺出版社,2000:12-13.
⑦ 侯建新.农民、市场与社会变迁——冀中11村透视并与英国乡村比较[M].社会科学文献出版社,2002:45-47.
⑧ 李佐军.中国的根本问题:九亿农民何处去[M].中国发展出版社,2000:34-45.
⑨ 李学昌.20世纪南汇农村社会变迁[M].华东师范大学出版社,2001:120-123.
⑩ 周祝伟,林顺道,陈东升.浙江宗族村落社会研究[M].方志出版社,2001:45-50.
⑪ 温锐,游海华.劳动力的流动与农村社会经济变迁[M].中国社会科学出版社,2001:44-50.
⑫ 杜润生.中国农村制度变迁[M].四川人民出版社,2003.
⑬ 孙立平.断裂:20世纪90年代以来的中国社会[M].社会科学文献出版社,2003:67-69.
⑭ 曾绍阳,唐晓腾.社会变迁中的农民流动[M].江西人民出版社,2004:5-8.
⑮ 王春光.农村社会分化与农民负担[M].中国社会科学出版社,2005:5-8.
⑯ 黄海.当代乡村的越轨行为与社会秩序[D].华中科技大学,2008:4-7.

的越轨行为与社会秩序》,陈柏峰①(2008,博士论文)《乡村混混与农村社
会灰色化》等。这些优秀著作,为笔者的研究提供了丰厚的理论基础和
研究范式指导。有关乡村社会的变迁论题,一直是中国学者们"长时段"
探讨的课题,随着城市化的进一步加快,人类学家和社会学家对中国乡村
社会的变迁论题研究开始延伸到都市。其中"城中村"是人类学家和社
会学家关注的热点。

3.1.2 "城中村"研究

国内对"城中村"的关注开始于20世纪80年代末,相关的研究成果
陆续问世,对"城中村"的研究也由感性描述开始走向理性思考层面,大
致研究包括"城中村"概念、分类、形成的机制、改造、人类学考察等几个
方面。

有关"城中村"概念研究。国内学者对"城中村"的关注从1980年
"城乡边缘带"研究开始,但当时并未引起足够的重视。1989年,顾朝林、
熊江波从国外引入了"城市边缘区"的概念,开始了国内学者对这一领域
的探讨,之后学界把"城中村"称为"城乡边缘带"(张建明,1998)、都市里
的村庄(李增军,1995)、都市里的乡村(田莉,1998)、城市里的乡村(敬
东,1999)等。随后的研究中"城中村"作为一个学术的概念日渐明晰,比
如,蓝宇蕴(2001)、李钊(2001)、李晴(2002)、张建明(2003)、刘吉
(2003)、李培林(2004)、李俊夫(2004)、翁智超(2004)。

"城中村"分类的研究。张建明(1998)运用因子分析法和聚类分析
法将"城中村"分为基础设施优越型、集体经济实力型、土地资源充足型。
陈怡和潘蜀健(1999)是以城市和村庄相交的形态特征将"城中村"划分
为全包围型、半包围型、外切型、飞地相邻型、相离型、内切型。郑静
(2000)以"城中村"的演变过程分成四个阶段。李立勋,2001)将"城中

---

① 陈柏峰. 乡村混混与农村社会灰色化[D]. 华中科技大学博士论文.2008:7-9.

村"分为成熟型(成熟的"城中村")、成长型(扩展中的"城中村")、初生型(形成中的"城中村")。李培林(2002)将"城中村"分为处于繁华市区完全没有农用地的村落、市区周边还有少量农用地的村落、处于远郊还有较多农用地的村落。陈鹏(2004)将"城中村"分为"城郊村""城缘村""城中村"。吴智刚等(2005)把其划分为典型"城中村"、转型"城中村"和边缘"城中村"。郭建明、吴凯(2006)从"城中村"分为发展型和成熟型。

有关"城中村"的形成机制研究。张建明(2003)、李俊夫(2004)、李培林(2004)王如渊(2004)等,以及谢志岿(2005)《村落向城市社区转型——制度、政策与中国城市化进程中"城中村"问题研究》专著为"城中村"分布成因进行了可贵的分析,也标志着有关"城中村"的研究走上了一个新台阶。

"城中村"改造研究。韩冉、李红(2003)从二元结构理论和城市化进程角度,探讨了"城中村"问题产生的原因和解决的有效途径。余立中、张旭彬(2003)对"城中村"房屋拆迁及补偿问题进行了研究。李俊夫(2004)提出"城中村"土地制度从"二元"到"一元"的转制。闫晓培(2004)分析了广州"城中村"改造中出现的问题与矛盾,并提出改造思路。谢青等(2006)从土地增值角度探讨"城中村"改造中的利益分配问题。崔艺红(2007)从"城中村"集体土地国有化的法律途径及其补偿问题对其改造进行探讨。

"城中村"人类学考察研究。周大鸣(1999)《中国乡村都市化》、李培林(2004)《村落的终结——羊城的故事》、孙庆忠(2001)《都市村庄——广州南景村的人类学追踪》、李晴(2005)《城市"村落"的形态——珠海"城中村"空间与社会变迁的都市人类学分析》,刘朝晖(2005)《超越乡土社会——一个侨乡移民村落的历史、文化与社会结构》,邵媛媛(2010)《转型中的实践——对一个"城中村"社区现实状态的人类学研究》,刘娟(2012)《以面鱼的文化变迁看"城中村"的权力关系》等。这些都是有关

"城中村"具有文化学意义的论著,在"城中村"文化变迁的过程中,作出了可贵的探讨。

上述研究代表了乡村社会变迁研究的主流,他们从不同的视角研究乡村社会的发展与现代化变迁的过程,并对制约农村现代化的种种因素作出深刻的分析和探讨。研究的内容虽然没有涉及到"城中村"体育的范畴,但是这些研究成果,开拓了作者的研究思路,为本研究提供详实的理论基础。因为体育镶嵌于人们生活的制度中,社会生活发生了变迁,体育不可避免也要发生变迁。研究一个区域的体育发展变化,应该把其置于它变化的宏观的社会背景来研究,这样,不仅知其然而且还能知其所以然,因此本部分对乡村社会变迁以及"城中村"变迁进行文献综述,目的是为后面"城中村"体育研究提供更广泛的宏观背景资料。

3.3.3 城市边缘群体体育的研究

3.3.3.1 国外"城市边缘群体"体育的研究

国外学者对"城市边缘群体"体育的研究成果比较丰富。最早的论述应该是怀特(1940)的《街角社会》。怀特在《街角社会》中,通过对住在美国平民窟,两个不同性质的青年俱乐部以及他们和其他俱乐部之间的体育比赛活动的深入观察,发现隐藏在平民窟的有社秩序社会结构,并指出俱乐部成员的体育成绩不是由个人技术能力决定,而是由成员在俱乐部的地位决定。

20世纪之后由于城市化的高速率发展,城市人口超过农村人口,在世界上贫民窟出现上升蔓延的趋势,促使越来越多的人居住在贫民窟中。体育"促进贫民窟居民的社会化作用",以及"贫民窟居民的体育生活方式"的研究主题,被西方学者广泛关注。比如,Sidaway R,Duffield B S[1]

---

[1] Sidaway R,Duffield B S. A new look at countryside recreation in the urban fringe[J]. Leisure Studies. 1984,3(3):249－272.

(1984)《A new look at countryside recreation in the urban fringe》的研究认为,在城乡结合部提供体育娱乐的政策定位一直被当局大力提倡,但这一政策制定依据的假设却很少实证研究。该研究在回顾以往的研究历史表明,通过在城乡结合部周围(10 公里以内)建立一个体育游憩区域,可以吸引更多的城市边缘群体进行体育锻炼。更遥远的(超过 10 公里)的体育游憩区域,吸引的人群多是较富裕的或者受过良好教育的少数人。在城乡结合部,还没有满足贫民区居民的体育游憩的需求。Riess S A[①](1991)在《City games：The evolution of American urban society and the rise of sports》,认为,在都市里村庄的新移民,渴望把一些志趣相投好朋友聚集在一起,因此建立了民族体育俱乐部,通过参加民族体育比赛,民族体育项目锻炼身体等方式,提高他们的文化底蕴。社会改革者也努力通过体育运动来改善城市生活质量。Mukhopadhyay A,Dutt A K[②](1993)《Slum dweller's daily movement pattern in a Calcutta slum》研究了加尔各答城市贫民窟的日常活动模式,认为加尔各答城市贫民窟居民通常到室内和盐湖体育场进行身体活动,到达场地的方式是乘公交车,有时也走路过去,体育场馆距离贫民窟都在 3~5 公里,通常距离贫民窟半径在 3~5 英里的地区被视为高频活动区,距离平民窟 100~160 公里,视为低频活动区。Ashok K. Dutt,Suprabha Tripathi,Anupa Mukhopadhyay[③](1994)在《Spatial Spread of Daily Activity Patterns of Slum Dwellers in Calcutta and Delhi》研究认为,贫民窟居民的休闲娱乐活动,主要以体育运动、看电影、马戏团表演等为主,他们平均每个月有一半以上的人参加康乐活动,其中

① Riess S A. City games：The evolution of American urban society and the rise of sports[M]. University of Illinois Press. 1991：22 – 23.

② Mukhopadhyay A, Dutt A K. Slum dweller's daily movement pattern in a Calcutta slum[J]. Geo Journal. 1993, 29(2)：181 – 186.

③ Dutt A K, Tripathi S, Mukhopadhyay A. Spatial spread of daily activity patterns of slum dwellers in Calcutta and Delhi[M]//The Asian City：Processes of Development, Characteristics and Planning. Springer Netherlands. 1994：309 – 326.

包括观看足球和板球赛季的体育比赛,他建议当局政府应该给贫民窟居民休闲娱乐提供政策上帮助。

从 1998 年开始,由于玛萨瑞青年体育协会,通过体育活动对于贫民窟青年成功的培养,给青年们提供了一个上升的空间路径,致使西方学者,开始关注体育组织对贫民窟居民的塑造功能,有关贫民窟青年这一群体也成为西方体育学者的关注热点,比如,Trangsrud R[①](1998)在《Developing skills and building self – esteem:outreach through sports. Mathare Youth Sports Association – Kenya.》的研究指出,玛萨瑞青年体育协会通过在贫民窟推广发展体育运动,宣传贫民窟环境清洁,帮助青年人了解艾滋病和教育他们负责任的性行为等,并给青年人提供了很多就业的机会,使他们成为球队的球员、教练、健康教育者和管理者等。贫民窟青年人在参与体育多动中,发展了技能,也建立了自尊。有关玛萨瑞青年体育协会最详实的研究应该是 Jamin Shitsukane Muliru[②](2008,荷兰海牙大学)的博士论文《A CAPABILITY ENHANCEMENT INITIATIVEFOR NAIROBI URBAN SLUM YOUTH IN KENYA:A Case Study of Mathare Youth Sports Association Approach in Mathare》。Jamin Shitsukane Muliru 研究了玛萨瑞青年体育协会(麦萨),如何使用社区运动服务,在内罗毕 16 个最贫困的贫民窟,来提高青年能力。Jamin Shitsukane Muliru 指出,玛萨瑞青年体育协会(MYSA)约有 2 万名会员,其中超过 1.4 万人参加了足球活动,协会通过向青年提供各种体育培训、组织多种形式的锦标赛以及与其他社区青年的体育比赛互动,培养他们的强健体魄、体育精神以及领导才能,对他们进行环境清洁意识、艾滋病病毒等宣传活动。研究表明,在玛萨瑞青

---

① Trangsrud R. Developing skills and building self – esteem:outreach through sports[J]. Mathare Youth Sports Association – Kenya. 1998:12 – 20.

② Jamin Shitsukane Muliru. A CAPABILITY ENHANCEMENT INITIATIVEFOR NAIROBI URBAN SLUM YOUTH IN KENYA:A Case Study of Mathare Youth Sports Association Approach in Mathare[D]. Ohio University. 2008:4 – 10.

年体育协会,一些青年人成为球队的球员、教练、健康教育者和协会的管理者。研究表明,体育运动可以有效地培养青年人的社会能力,并使他们成为有责任感的公民。随着玛萨瑞青年体育协会对青年的培养得到社会广泛关注,西方体育学者把玛萨瑞青年体育协会的培养计划作为一种'体育现象"来进行研究,并称作"麦萨"模式或者"麦萨"方法等,有关此组织的研究文献也成逐年递增趋势。最近的一篇关于玛萨瑞青年体育协会的文章是 Priscilla Wamucii PhD[1](2014)《The Role of Sports in Strategic Health Promotion》,主要研究了玛萨瑞青年体育协会对贫民窟青少年健康教育策略。

在 2003 年,学者 Kimball R I[2](2003)在《Sports in Zion: Mormon Recreation, 1890 – 1940》研究认为,1890 年以来,随着美国快速的工业化和城市化,美国锡安摩门教领袖挖掘利用体育娱乐项目来改善城市的问题,体育作为促进青年人身体和精神的卓越的手段,正在指引青年人成为有社会责任感的公民。该研究认为体育在社会上应该具有更广泛的功能。Hesbon Otieno Achola(2006)[3]在《Koch Life: Community Sports in the Slum》中以参与观察者的身份,亲身体验了贫民窟居民的体育生活。作者从贫民窟居民日常体育活动入手,分析影响贫民窟居民参与体育活动因素、参与体育活动过程中产生的复杂社会关系。研究认为体育对贫民窟居民具有教育作用和促进社会融入的功能。Kimathi T(2013)[4]《My personal critical Review concerning Slum Tourism in Kenya》的研究认为,发

---

① Wamucii P. The Role of Sports in Strategic Health Promotion[M]. Strategic Urban Health Communication. Springer New York. 2014:187 – 197.

② Kimball R I. Sports in Zion: Mormon Recreation, 1890 – 1940[M]. University of Illinois Press. 2003:14 – 15.

③ Achola H O. Koch Life: Community Sports in the Slum[M]. Paulines Publications Africa. 2006:23 – 25.

④ Kimathi T. My personal critical Review concerning Slum Tourism in Kenya[M]. 2013:3 – 4.

展体育旅游,可以为贫民窟居民提供更多的就业机会。他们充当翻译、导游和运输等职业。他们的亲属、配偶和家庭的成员也从中获得了更多的物质财富。贫民窟体育旅游也为青年人发展提供了一个更广泛的上升机会,一些贫民窟的青年人通过外国人的赞助,以体育为职业,成为体育名人,达到他们的人生目标。Dr Sunetra Kaviraj, Dr. Abhik Sinha, Dr. Nabanita Chakraborty, [①]在(2013)《Physical Activity Status and Body Image Perception Adolescent Females in A Slum In Kolkata, India.》研究认为,贫民窟的青春期少女身体活动不足。提出家庭和社会应以社区体育活动为基础,为青春期少女锻炼身体的频率、持续时间、强度、类型和必要的身体活动提供指导,政府应采取多种策略营造体育锻炼环境,促使青春期少女锻炼身体,提高她们的健康水平。

通过上述文献资料的分析,我们不难发现,西方学者对于"城市边缘群体"的体育研究,多集中于体育对贫民窟居民社会整合功能的研究。从社会功能方面,他们通常把体育置于社会整个宏观背景,讨论体育对贫民窟居民的培养、发展、促进作用,以及发展贫民窟体育对社会稳定、社会结构秩序、就业、教育以及经济的影响。从生物学功能方面,他们通常研究,体育锻炼的手段对贫民窟居民身体健康及疾病的影响。

3.3.3.2 我国"城市边缘群体"体育的研究

有关"城市边缘群体"体育的研究,我国学者关注的比较晚,最早的是2006年,赵晓红等学者对"城镇中农民工体育参与现状及影响因素"的研究。之后有关该群体体育研究的文献呈现逐年增加趋势,尤其最近两年,对"城市边缘群体"体育的研究文献急剧增多。这和我国大规模城市化的背景有直接关系,城市化的加快给社会带来了诸多问题,同样也给体育领域带来新的研究课题,越来越多体育学者开始思考在城市化进程

---

① Kaviraj S, Sinha A, Chakraborty N, et al. Physical Activity Status and Body Image Perception of Adolescent Females in A Slum In Kolkata[J]. India. 2013:13.

中,体育对人的促进作用。通过学术互联网输入关键词:"流动人群体育""农民工体育",分别出现88篇、243篇相关的学术论文研究,其中博士论文22篇,硕士论文47篇,研究范围主要包括体育的现状和发展对策研究,体育权利研究,体育制度、社会融入、体育文化的研究三个方面。如表3-1、3-2所示。

表3-1 "城市边缘群体"体育的研究文献年度分布表[①]

年度	2014	2013	2012	2011	2010	2009	2008	2007	2006
篇数	4	75	67	62	46	26	25	25	7

表3-2 "城市边缘群体"体育的研究文献分析表[②]

类别 关键词(相关度)	农民工体育	流动人群体育
学术期刊	186	47
博士论文	9	13
硕士论文	32	17
会议论文	16	11
合计	243	88

---

① 表格统计数据依据中国知网、万方数据库、维普数据库、谷歌学术网分别输入关键词"农民工体育""城市边缘群体""流动人群体育",剔除四个数据库重复文献之后,最终统计的结果(数据统计截止论文成稿之前)。

② 表格统计依据中国知网、万方数据库、维普数据库、谷歌学术网分别输入关键词"农民体育""流动人群体育",剔除四个数据库重复文献之后,最终统计的结果(数据统计截止论文成稿之前)。

（1）现状描述和发展对策研究

赵晓红、李会增等[①]（2006），提出了促进我国城镇农民工体育参与的对策。施仙琼[②]（2007）认为，农民工只有在生活方式、生活理想、生活行为规范上与城市文明协调一致，才有可能使参与体育成为可能。胡科（2007）在《论农民工体育参与的制约之因与超越之径》指出，农民工体育参与水平仍然较低，是因为思想认识、价值取向、体育资源、户籍制度、发展手段、余暇生活等多种因素综合影响的结果。提出应保障农民工基本体育权利，国家应积极发挥导向、规范、保障、干预、救助等作用。卞近胜[③]（2007）对城市建筑农民工体育需求的研究表明，他们对场地、器械、指导需求不高，城市建筑农民工自身的综合水平与其体育需求程度呈显性正相关，余暇时间、经济收入、余暇活动是制约他们参与体育活动的主要因素。吴修敬[④]（2008）和谐社会条件下我国农民工体育模式构建，农民工体育模式是一个多元素组合有机的整体系统，结合我国特殊的国情，构建了以覆盖农民工群体的国家服务模式为主体、多元化模式并存的体育模式。刘年伟[⑤]（2009）在《重庆农民工体育现状调查与分析》认为生活状况、户籍制度、社会性弱者支持系统的不完善是当前制约重庆农民工参与体育活动的主要因素。朱爱明[⑥]2010 年，湖南省长株潭试验区农民工体育锻炼现状及对策研究表明，影响长株潭试验区农民工体育开展的因

① 赵晓红,李会增,刘艳霞,赵华恩. 国城镇农民工体育参与的现状调查及对策探析[J]. 山东体育学院学报. 2006,05:21 – 25.
② 施仙琼,我国城市农民工体育意识和行为现状及对策研究[D]. 广西师范大学. 2007, 06:8 – 17.
③ 近胜. 城市建筑农民工体育需求的研究[D]. 苏州大学. 2007,05:8 – 17.
④ 吴修敬. 和谐社会条件下我国农民工体育模式构建[D]. 曲阜师范大学. 2008,05:8 – 14.
⑤ 刘年伟. 重庆农民工体育现状调查与分析[D]. 重庆大学. 2009,05:7 – 17.
⑥ 朱爱明. 长株潭试验区农民工体育锻炼现状及对策研究[D]. 华东师范大学. 2010, 05:9 – 13.

素主要包括内部因素和外部因素。张建宁[①](2010)认为,农民工参与体育活动的价值观念相对滞后,具有参与体育活动项目的实用性、参与体育活动目的的多元性、参与体育活动时间的不确定性。赵俊珠[②]认为,工作繁重、缺少活动场所和体育设施是制约农民工参加体育锻炼的主要因素。陈锡尧、庞徐薇、刘倩等(2010)分析了上海市外来农民工在体育参与方面存在的各类问题,上海亟需重视解决外来农民工的体育参与这一社会问题。从2011年开始,体育学者相继对全国各地区农民工体育问题分别进行了描述性研究,如王晓贞(2011)、陈玉柱(2011)、杨耀华(2011)刘巧[③](2012)、刘振兴[④](2012)、冯强明、张华[⑤](2012)。吴苗苗(2012)《不同行业农民工体育参与现状与需求的研究》,翟小红(2012)《怀化市新生代农民工体育锻炼现况研究》,(2013)《四川省城市农民工体育锻炼行为特征及干预措施研究》,杨耀华(2013)《河南城市新生代农民工健身需求研究述评——以中原经济区建设为背景》,吴佑年(2013)《转型期襄阳市农民工体育现状与对策》,姜田(2014)《"长三角"地区城镇农民工体育消费的现状调研》,张华影(2014)《城市化进程中农民工体育运动现状与对策》等。通过上述资料的罗列,我们不难发现,学者的研究的逻辑框架大多基本都是,以"城市边缘群体"体育现状描述为逻辑起点,分析这一群体参与体育存在的问题以及问题产生的原因,最后提出对策。得出的结论虽略有差距,但基本大同小异。

---

① 张建宁,昆山市农民工体育活动现状与发展对策研究[D].苏州大学.2010,05:7 - 10.

② 赵俊珠,唐山市城区农民工体育锻炼现状研究[D].河北师范大学.2010,05:4 - 10.

③ 刘巧,长沙市城市农民工体育消费现状及发展对策研究[D].湖南师范大学.2012, 06:6 - 12.

④ 刘振兴.济宁市农民工休闲体育活动现状调查与对策研究[D].曲阜师范大学.2012,05:7 - 10.

⑤ 冯强明,张华.社会分层理论视域下我国弱势群体体育参与现状研究——以北京市农民工为研究个案[J].体育与科学.2012,02:40 - 44.

（2）体育权利研究

有关"城市边缘群体"体育权利的研究,我国学者从 2007 年开始涉及。通过互联网搜集,仅仅获得 6 篇相关的学术文献,学者们从公平正义、社会保障及法律保障几个方面进行阐述,主要研究有:胡科、黄玉珍、金育强①(2007)认为农民工模糊的身份,使得他们的体育权利纠缠于农村与城市社区之间得不到合法的保障,以至出现农民工体育权利的严重空洞化,而农民工体育责任主体的缺失无疑是造成这一现象的根本原因。程一军②(2010)认为,提供必要的体育公共产品及深化人文关怀,是实现新生代农民工体育参与的本源之策,需要政府、体育行政机构、体育团体、农民工自身共同的努力。周帆③(2010)提出保护社会性弱势群体体育权利更应追求权利的实质平等,也就是说不仅要求该群体自身素质和权利意识的增强,更加需要政府和社会的扶持帮助。李程秀④(2012)指出,为了更好地促进弱势群体参与体育活动,需要加强公民体育权利的法律保障建设、加强政府对体育公共服务的投入力度、建立体育公共服务利益制衡机制、加强城市社区体育建设、开展多样的城市体育文化活动。孙湛宁、王利红、李小岩、孙双明(2013)认为,新生代农民工体育意愿不强,需要长期的体育权利意识的启发和培养,才能实现新生代农民体育权和健康权的基本保障。程华平⑤(2014)认为,农民工体育权利具有平等性需求和多样性需求,农民工有享有市民体育福利、分享体育产业发展成果、

① 胡科,黄玉珍,金育强. 关于农民工体育责任主体的探讨[J]. 北京体育大学学报. 2007,02: 167 – 169.

② 程一军. 困解与消解新生代农民工体育权益保障问题研究[J]. 武汉体育学院学报. 2010, 06:90 – 91.

③ 周帆. 社会性弱势群体体育权利保护的研究[D]. 安徽工程大学. 2010,06:5 – 12.

④ 李程秀. 城市弱势群体体育权利保障机制研究——以河南省为例[J]. 西安体育学院学报. 2013,01:18 – 21.

⑤ 程华平. 新型城镇化背景下农民工体育权利的法律保障[J]. 体育与科学. http:// www. cnki. net/kcms/detail/61. 1198. G8. 20131230. 1337. 022. html. 2014 – 01 – 20 – 16: 55.

享有体育文化诉求的权利。夏青、秦小平①《论弱势群体体育基本利益的保障——基于公民话语权的视角》,研究认为弱势群体维护自身体育利益的话语权缺乏制度保障,社会强势群体应自觉尊重弱势群体的话语权等。

(3)有关制度、社会融入及文化研究

2009年体育学者开始运用社会学社会融入及社会排斥理论分析该群体的体育问题,至此体育在整合社会变迁中功能价值开始引起中国学者的关注,从发表的文章数量来看,大体上呈逐年上曾的趋势,学者们从社会学、文化学角度作为切入点,研究体育制度的保障问题,体育的社会融入及社会排斥问题,体育公共服务体系的制度问题等,比较典型的研究有,周丛改②(2009)在《社会排斥与农民工体育边缘化问题研究》中运用社会排斥理论,从社会的制度、经济、文化、教育、空间等维度来探讨农民工体育边缘化问题,认为社会排斥是农民工体育边缘化的根源,社会融合是摆脱农民工体育边缘化的出路,并提出了具体的对策。王光、张秀③萍(2011)认为流动人群的体育健身意识薄弱,流入地及流出地应及早建立管理机构,明确职责,构建服务体系的多级化网络管理模式。屈文会④(2012)认为农民工缺乏参与体育活动的内在动机,农民工的社会融入过程需要有一个良好的、宽松的外部环境和发展空间。帅广震研究认为,农民工体育参与与体育公共服务体系的提供成正相互关系,公共服务体系是农民工参与体育的保障。方洁(2012)认为,体育在解决城市农民工

① 夏青,秦小平. 论弱势群体体育基本利益的保障——基于公民话语权的视角[J]. 西安体育学院学报,2014,02. 网络出版时间. 2013 - 12 - 3013;37.

② 周丛改. 社会排斥与农民工体育边缘化问题研究[J]. 南京体育学院学报(社会科学版). 2009,06;20 - 25.

③ 王光,张秀萍. 城市化进程中流动人群健身现状及服务体系的构建——以上海市进城务工人员群体为例[J]. 北京体育大学学报. 2011,05;1 - 4.

④ 屈文会. 城市化进程中南京农民工与城市体育融合的现状与对策研究[D]. 南京师范大学. 2012,05;5 - 8.

"社会排斥和社会融合"的矛盾时具有重要的作用。他从农民工体育发展的角度,分析了当下农民工体育所面临的困境,并为如何推进农民工体育事业前进提出了自己的建议。张雷等(2013)在《新生代农民工的体育文化建设研究》中,从体育表层文化、体育浅层文化、体育中层文化和体育深层文化4个方面进行了分析,并提出了建设新生代农民工体育文化的对策。刘香(2013)《新生代农民工的体育参与与社会融入问题研究——成都市新生代农民工体育参与情况调查》,认为体育认知、现代观念,以及城市社会的认同,导致成都市新生代农民工体育参与的形式与内容的单一,体育活动尚未发挥有利新生代农民工社会融入的重要功能。苏睿[①](2014)的《我国城市农民工体育健身社会保障制度的缺失及补救》研究认为,城乡二元结构使城乡之间体育健身发展水平不协调,体育资源分配不均衡,建立适合我国城市农民工体育健身发展需要的社会保障制度,促进城市农民工体育健身水平。

3.3.4 "城中村"体育的研究

通过谷歌、中国知网、万方数据库、维普网等学术网站,输入关键词"城中村体育""城中村体育锻炼""城中村体育文化""城中村体育娱乐"仅仅有24篇相关的学术论文。其中期刊文论17篇,硕士论文7篇,博士论文0篇。2004年1篇,2005年1篇,2006、2007年0篇,2008年1篇,2009年3篇,2010年3篇,2011年6篇,包括1篇硕士论文,2012年6篇,包括2篇硕士论文,2013年4篇硕士论文。具体文献分布如下表3-3。

---

① 苏睿. 我国城市农民工体育健身社会保障制度的缺失及补救[J]. 西安体育学院学报,2014,02. 网络出版时间. 2013 - 12 - 3013;37.

表3-3 "城中村"体育相关研究文献统计①

	篇名	时间	研究的地域	作者	类型
1	广州市"城中村"改造过程中的体育文化现状与对策	2004	广州市	解奎龙、肖素霞	期刊论文
2	西安市"城中村"社区群体体育活动现状的调查与分析	2005	西安市	王梁超	期刊论文
3	太原市"城中村"居民休闲活动的调查研究	2008	太原市	张敏	期刊论文
4	论城市化与居民体育生活方式——以广州市部分"城中村"为例	2009	广州市	陈文坤	期刊论文
5	"城中村"与城市居民体育锻炼行为之比较	2009	河南省	赖学鸿	期刊论文
6	影响广州市"城中村"体育文化发展的因素分析	2010	广州市	肖素霞、解奎龙	期刊论文
7	体育锻炼因子对"城中村"居民心理健康的影响	2010	河南省	杨俊涛	期刊论文
8	太原市"城中村"体育文化发展现状调查研究	2010	太原市	王兴一	期刊论文
9	太原市"城中村"体育文化可持续发展的调查研究	2011	太原市	杨丽华、王兴	期刊论文
10	渭南市"城中村"妇女体育活动参与状况调查与分析	2011	陕西省	王蓓、员筱薇	期刊论文
11	西安市"城中村"居民体育健身影响因素研究	2011	西安市	王飞、雄张鲲	期刊论文

① 依据中国知网、万方数据库、维普数据库、谷歌学术网分别输入关键词"农民工体育""城市边缘群体""流动人群体育",剔除四个数据库重复文献之后,最终统计的结果(数据统计截止论文成稿之前)。

	篇名	时间	研究的地域	作者	类型
12	广西"城中村"体育现状及其问题对策研究以南宁、桂林、北海为例	2011	广西壮族自治区	秦尉富	硕士论文
13	广州市"城中村"改造过程中的体育发展现状研究	2011	广州市	肖素霞、解奎龙	期刊论文
14	昆明市"城中村"改造前后居民体育的状况及发展策略	2011	昆明市	杨爱华、李英	期刊论文
15	体育运动对"城中村"居民焦虑与抑郁水平的影响研究	2012	河南省	杨俊涛	期刊论文
16	郑州市"城中村"体育现状和发展对策研究	2012	河南省	许局	期刊论文
17	"城中村""居民的体育休闲娱乐进行研究	2012	福建市	朱家新、常德胜	期刊论文
18	"城中村"体育文化传播研究	2012	太原市	原小琴	硕士论文
19	体育运动对"城中村"居民焦虑与抑郁水平的影响研究	2012	河南市	杨俊涛	期刊论文
20	武汉市"城中村"体育活动研——以永丰乡 12 村为例	2012	武汉市	张晶晶	硕士论文
21	和谐社会视阈下福州市"城中村"家庭体育的现状与发展对策研究	2013	福州市	林芳满	硕士论文
22	太原市"城中村"居民体育锻炼行为现状调查分析	2013	太原市	郭晓旭	硕士论文
23	基于公平理论的城市居民与"城中村"居民体育权利均等化研究	2013	郑州市	李凯	硕士论文
24	社会变迁视角下的"城中村"体育发展对策研究——以厦门高殿社区为个案	2013	厦门市	李扶生	硕士论文

具体可以概况以下几个方面:

(1)"城中村"体育现状与对策分析

我国体育学者对"城中村"体育现状描述,主要集中在对"城中村"体育的存在问题、问题的产生原因以及对策分析。最早文献是,肖素霞[①](2004)的研究,他认为,体育在"城中村"内涵式发展所产生的文化和意识的冲突中起着有效连接点的作用,从而在一定程度上促进"城中村"的改造。王梁超[②](2005)认为,"城中村"居民喜欢参与体育活动,但实际参与人数却少,是因为"城中村"缺少体育活动场所、器材,组织管理、体育活动辅导以及相应的体育环境,另外"城中村"社区的外来异地人口的增多,也是一个不可回避的现实问题。为此,建议应加大"城中村"社区体育基础设施投入,加强思想教育。之后其他学者对"城中村"体育现状描述,虽然选择的研究地域不同,但研究形式和得出的结果多大同小异。研究有:张敏(2008)《太原市"城中村"居民休闲活动的调查研究》,陈文坤(2009)《论城市化与居民体育生活方式——以广州市部分"城中村"为例》,王兴一(2010)《太原市""城中村""体育文化发展现状调查研究》,肖素霞、解奎龙、潘小玲(2011)[③]《广州市"城中村"改造过程中的体育发展现状研究》,秦尉富[④](2011)《广西"城中村"体育现状及其问题对策研究以南宁、桂林、北海为例》,杨丽华、王兴一(2011)《太原市"城中村"体育文化可持续发展的调查研究》王蓓、员筱薇(2011)《渭南市"城中村"妇女体育活动参与状况调查与分析》,许局(2012)《郑州市"城中村"体育现

① 奎龙,肖素霞.广州市"城中村"改造过程中的体育文化现状与对策[J].山西师大体育学院学报.2004,02:16-18.

② 王梁超,西安市"城中村"社区群体体育活动现状的调查与分析[J].西安体育学院学报.2005,11:6-9.

③ 肖素霞,解奎龙,潘小玲.广州市"城中村"改造过程中的体育发展现状研究[J].广州体育学院学报.2011,4:44-46.

④ 秦尉富.广西"城中村"体育现状及其问题对策研究以南宁、桂林、北海为例[D].广西师范大学.2011,04:4-19.

状和发展对策研究》，张晶晶[1]（2012）《武汉市"城中村"体育活动研——以永丰乡 12 村为例》，林芳满[2]（2013）《和谐社会视阈下福州市"城中村"家庭体育的现状与发展对策研究》，朱家新、常德胜[3]（2012）《"城中村"居民的体育休闲娱乐进行研究》，郭晓旭[4]（2013）《太原市"城中村"居民体育锻炼行为现状调查分析》《社会变迁视角下的"城中村"体育发展对策研究——以厦门高殿社区为个案》等。

（2）"城中村"体育比较研究。

赖学鸿[5]（2009）以河南省 1557 名"城中村"和 1584 名城市居民为样本进行调查分析，探讨"城中村"居民的体育锻炼行为与城市居民存在的差距，提出在新农村建设中，把"城中村"纳入城市整体规划中，实现"城中村"与城市协调、可持续发展。杨爱华、李英、尹智涛（2011）调查昆明市"城中村"改造前后居民体育的状况表明，昆明市"城中村"改造忽视了新社区的体育基础设施的建设，改造后居民的体育需求量增大，但社区供给能力却相对滞后，缺乏专业的指导和组织。李凯（2013）[6]在《基于公平理论的城市居民与"城中村"居民体育权利均等化研究》中表示"城中村"居民与城市居民在享受与维护自身体育权利观念和行为上存在差距。研究认为，政府应该在资金投入、资源配置、规章制度建设等方面提供政策。

① 张晶晶 . 武汉市"城中村"体育活动研究[D]. 华中师范大学 . 2012,08 : 8 - 10.
② 林芳满 . 和谐社会视阈下福州市"城中村"家庭体育的现状与发展对策研究[D]. 福建师范大学 . 2013,06 : 8 - 15.
③ 朱家新,常德胜 . "城中村"居民的体育休闲娱乐进行研究[J]. 上海体育学学报 . 2012,01 : 1 - 4.
④ 郭晓旭 . 太原市"城中村"居民体育锻炼行为现状调查分析[D]. 山西大学 . 2013,6 : 8 - 10.
⑤ 赖学鸿 . "城中村"与城市居民体育锻炼行为之比较[J]. 山东体育学院学报 . 2009, 09 : 13 - 16.
⑥ 李凯 . 基于公平理论的城市居民与"城中村"居民体育权利均等化研究[D]. 温州大学 . 2013,05 : 6 - 10.

（3）影响"城中村"体育的因素研究

解奎龙、肖素霞[1]（2010））认为,影响广州市"城中村"体育文化发展的三个主因子分别为支持因子、文化传统因子和收入及态度因子。建议加强宣传,建设场地,鼓励资金投入,完善管理体制,实现资源共享一体化。王飞雄、张鲲、陈珂（2011）认为影响西安市"城中村"居民体育健身因素是管理体制、公共政策、居住环境、体育场地设施、组织管理及个人的经济水平、生活方式、思想观念、文化素质、体育需求等方面。

（4）体育功能研究

杨俊涛（2012）对"城中村"居民焦虑与抑郁水平的影响研究认为,"城中村"居民有 24.86% 的人群有中度以上的心理问题,高于全国城市居民近 5 个百分点;发现锻炼人群与非锻炼人群在心理健康因子均分上有非常显著的差异,而不同运动量对与人际关系紧张与敏感、心理承受力差、适应性差、心理不平衡、焦虑、抑郁、敌对、躯体化等 8 个因子的影响有非常显著的负相关关系。原小琴[2]（2012）认为,"城中村"的体育文化传播者与受传者之间的关系是协同进化的关系。体育文化的有效传播,对居民的生活行为、思想观念产生影响,居民愿意通过体育这样一种积极健康的方式,使生活变得更幸福。

这些论文从不同角度对"城中村"体育进行了探讨分析,虽然我国学者已经意识到了"城中村"体育是值得研究的课题,但多是笼统的概说。学者们对此现象的研究逻辑起点、分析框架,以及描述存在的问题,最后提出的对策建议都是惊人的一致,这种就现象而论现象的研究,虽然对本研究提供了一定参考思路,但值得借鉴的不多。学者们对"城中村"体育这一领域存在各种显性和隐性问题,还没有深入思考。也就是说"城中

---

① 肖素霞,解奎龙.影响广州市"城中村"体育文化发展的因素分析[J].山东体育科技.2010,02:18-22.

② 原小琴."城中村"体育文化传播研究[D].成都体育学院.2012,06:4-5.

村"体育"的研究,从理论和实践的研究,在我国还是处于起步阶段。

因此,本研究试图从都市人类学的视角进入"城中村"、依据人的现代化理论、社会控制与失范理论、社会冲突理论,运用参与观察法、访谈法等,以"城中村"居住群体的锻炼身体的空间分布特征为切入点,用"融入—观察—跳出"几个步骤,亲身参与观察"城中村"居民的各种体育活动,分析产生的原因,最后找出解决的方案及对策,为构建"城中村"体育公共服务体系,培养"城中村"居民的健康的生活方式,以促进"城中村"居民的现代化进程,寻找一个适合的路径,拟为我国城市化发展,提供理论依据及智力支持。

4 研究方案

4.1 研究的基本思路

4.1.1 研究的技术路线

在实地调查过程中,本研究是以"城中村"居民体育生活的经历为逻辑起点,以主体建立自己的"体育生活方式"的"个体"所形成的。在这里,"城中村"居民在不同活动空间中的"异质共存"体育活动是本研究关心的对象,主要着手从"城中村"居民在不同空间异质共存、体育生活状况入手,聚焦"城中村"居民的日常体育锻炼,让"城中村"居民讲述自己的体育生活故事,通过实地调查获取来自"城中村"居民日常体育生活中的"活材料",而不是依赖他人研究的解释和分析方式,注重资料收集,研究对象真实的体育活动,以及他们自己讲述的体育活动经历,"自下而上"地进行书写。

4.1.2 研究的基本思路

研究的具体思路在于,在考察"城中村"居民体育生活时,引用都市人类空间视角,把行动性的个体与结构性的社会整体相互联系起来,从微观和宏观两个层面反映主体真实的体育生活体验,就是试图关注"城中村"居民在城市空间进行的体育活动以及体育活动对他们的塑造作用,即观察"城中村"居民是如何作为主体而不是被动的个体从社会底层进行体育活动以及他们选择体育活动的策略过程,关注作为外部力量的城市化、现代化、社会变迁大环境对它们体育行为的影响,通过"城中村"形形色色的居民主体的体育生活体验本身来理解"城中村"体育现象,从"城中村"居民参加体育活动和不参加体育活动的过程中,所发生的社会分层、社会排斥、社会融入以及社会失范等问题,到"城中村"居民日常参体育生活方式的选择,到"城中村"居民在这种体验下各种策略的抉择。最后从经验回到理论,回到都市人类空间理论本身。具体表示为:都市人类学空间理论—社会环境背景—社会结构—行动逻辑—空间体育参与—都市人类学空间理论。如图 4-1 所示。

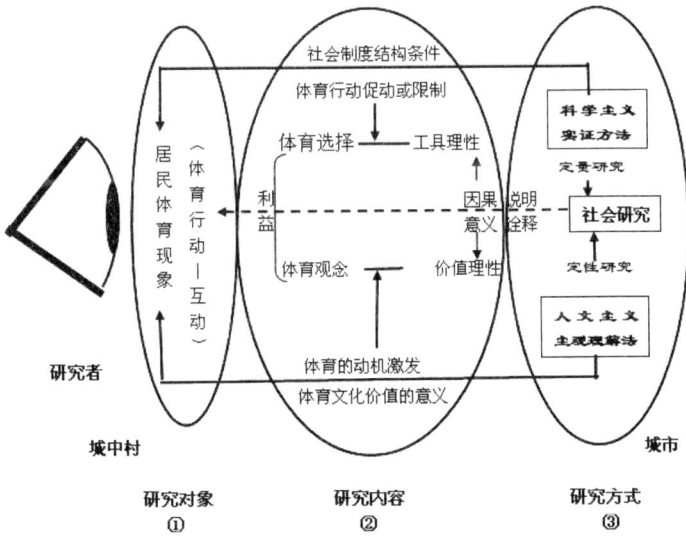

图 4-1 具体实施路线

4.2 研究方法

4.2.1 抽样原则与样本选择

4.2.1.1 选择北京市"城中村"作为研究对象的依据

北京,中华人民共和国首都、中央直辖市、中国国家中心城市,中国政治、文化、教育和国际交流中心,同时是中国经济金融的决策中心和管理中心。[①] 2011 年末北京全市常住人口 2018.6 万人。其中,常住外来人口 742.2 万人,占常住人口的比重为 36.8%。北京城乡结合部地区有 227 个行政村,面积约 553 平方公里,人口超过 340 万,其中户籍人口 62 万人,外来人口超过 280 万人。三环路以内 13 个村,三环到四环之间 36 个村,四环到五环之间 75 个村,五环之外 101 个村。1993 年,国务院批复《北京城市总体规划》,要求北京"保证城市地区足够的绿色空间"。次年政府批复草桥、曙光等 6 处为全市首批城乡结合部改造试点,以绿养绿。北京市大规模拆迁启动于 20 世纪 90 年代。2005 年,北京市有 346 个"城中村"。为配合奥运举办,重点整治了三环路以内及奥运场馆周边 69 个"城中村"。此后的五年间,又对 171 个"城中村"进行了综合治理。2010 年北京市启动加快城乡结合部改革发展方案。总结推广北坞村、大望京村和旧宫镇的成功经验,整体启动 50 个重点"城中村"改造,改造在 2015 年基本完成。至此,北京市城乡结合部改造进入高潮阶段。未来几年,北京将集中整治 200 多个"城中村",建设、收购各类保障性住房 100 万套,其中城乡结合部整治、土地储备和重点工程拆迁等定向安置房 40 万套。随着北京城市化进程加快,越来越多的农民加入征地拆迁行列,加之北京

---

① 资料来源:北京市人民政府网.www.beijing.gov.cn.

每年正以 50 万的规模新增外来人口。

城市空间环境的改变并不能使居民直接市民化,居民的市民化是一个漫长的过程,体育在促进人的现代化具有不可替代的作用。近年来,北京市体育社团迅速发展,到 2012 年,北京有市级体育社团 81 个,分支机构 173 个,团体会员 4744 个,个人会员 171500 人。区县级体育社团 325 个,团体会员 4032 个。确定桥牌、网球、棋类、台球、跆拳道、职工、篮球、汽摩、健美操体育舞蹈、马术、钓鱼、拳击、龙舟、自行车、毽绳、水上运动、体育休闲产业等 17 个体育社团为实体化工作试点协会,每个协会拨付 30 至 50 万元,共计 750 万元的实体化引导资金建立培训基地。而在实地考察中,北京所有的体育社团协会都没有覆盖到"城中村"这一区域。2013 年 8 月恰逢笔者在高碑店村调研,当时"北京市龙舟协会"在高碑店村组织比赛,而当地居民除了看热闹,没有一人参加比赛。

2014 年 1 月 29 日,北京市体育工作会议中提出:以体育生活化社区为平台,探索社区体育管理与运行机制新模式,创建 660 个体育生活化社区并进行扶持,推广体育生活化社区体制促进项目和社区优秀健身项目;创建 50 个体育特色村,研究特色乡镇评选标准,建立体育特色村评估体系;在部分区县开展体育生活化社区、体育特色村等 8 项试点工作;提高社会体育指导员的数量、质量和上岗率,充分利用电视广播、报纸及其他新媒体,广泛传播科学健身知识,不断提升群众科学健身意识。其中我们调研的高碑店村是 50 个体育特色村之一。后期我们将对这个村子进行追踪研究。

因此选择北京"城中村"作为本考察的对象具有非常典型代表性意义。我们希望通过研究北京"城中村"体育的这个个案问题,了解体育在促进人现代化过程中,应该承担的责任,以期通过培养"城中村"居民良好的健康生活方式,解决城市化过程中人的一些社会问题,目的是加速"城中村"的城市化过程,并为其他城市的"城中村"城市化提供可参考的意见。

4.2.1.2 北京"城中村"个案选择

本研究立足于北京"城中村"个案调查,选取高碑店村、树村、南宫村、东大街村作为调研地点。文章所引用的材料因不同的主题需要而作了适当的调整,因而四个"城中村"的材料不可能集中一处,为了方便理解,本研究依据四个标准(第一,富裕还是贫穷;第二,发展的成熟度;第三,距离北京中心市区的远近;第四,发展的性质)将4个"城中村"进行归类如图4-2和图4-3。

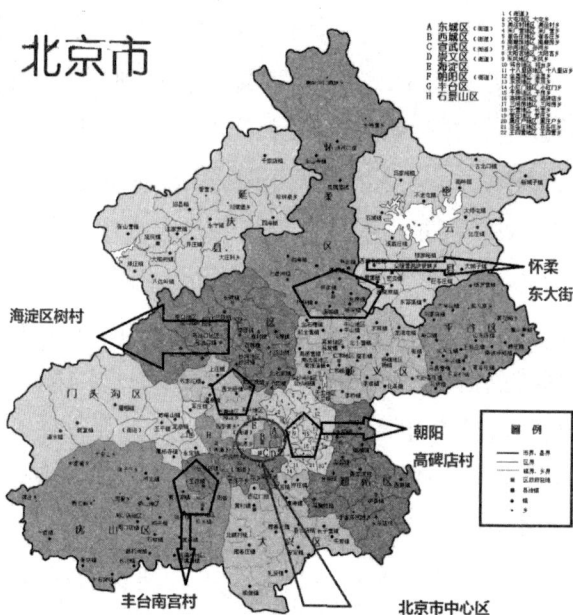

图 4 - 2　四个城中村在北京城市的分布情况

改造基本完成

相对富裕 | 相对贫穷

近城区 | 高碑店村（基本改造完）| 东大街村（后城中村时代）| 离城区

树村（正在改造中）| 南宫村（新型城中村）

相对贫穷 | 相对富裕

改造中

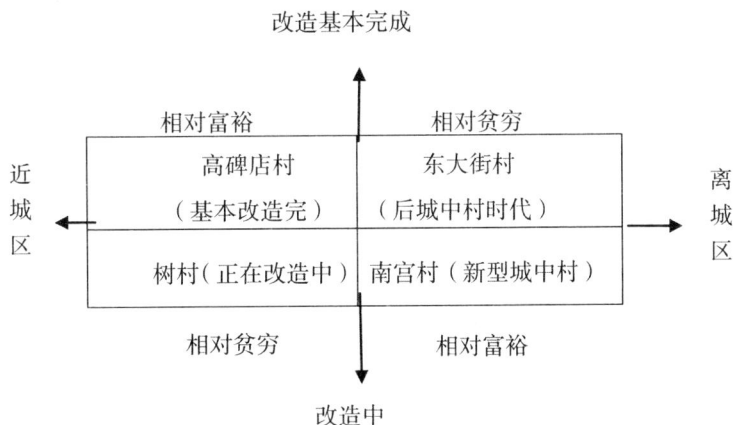

图 4-3　依据四个标准把四个城中村归类

图 4-2 是北京市地图,四个"城中村"在北京的分布情况。图中圆圈标记是北京中心区。朝阳区高碑店村在北京的东边,四环外;海淀区树村在北京西边,五环外;丰台南宫村在北京南六环外;怀柔东大街村在北京北边,怀柔镇中心。图 4-3 是依据四个标准对四个城中村归类。

本研究虽然以高碑店村、树村、南宫村、东大街村为个案考察对象,但是无论是田野调查、还是最终行文,都对北京其他"城中村"予以一定的关注,尤其对四个村子相邻相近的村子也作了详细的田野调查,同时也关注了上海、广州、重庆、武汉、成都、昆明、石家庄等城市几个比较著名的"城中村",目的是在给本研究提供一广阔的社会研究背景,以弥补四个范本研究的不足。

4.2.2　研究方法

社会学和人类学并没有统一、规范的方法可以适用于所有的课题。要想有效地研究某一个具体的课题,必须根据课题的具体实际情况,选择一种最有效、最适合研究这一具体课题的研究方法。由社会学的创始人孔德创立的实证主义社会学重视经验和感性资料在社会认识中的重要作用，强调在社会学研究中对经验事实的观察，个人不作任何价值判断，反对个人情感的介入。在方法论上恪守经验主义原则，获取经验证据需要采用实验、系统观察、调查、访问、文献考察等方法①，立足于纯客观化的社会现象，以保证在研究过程中的客观性和科学性。实证主义者把自然科学方法论作为自己的基本原则，把自然科学当作科学的范例，在他们看来，社会学是符合科学逻辑的。② 孔德开启了社会学实证主义传统的先河。之后一些社会学家斯宾塞、迪尔凯姆、帕森斯等人从不同方面加以继承和发展，成为一百多年来西方社会学发展中的主流。

　　19 世纪末期，一些社会学家批判了以迪尔克姆为代表的传统实证主义研究范式。提出要着重强调社会现象的主观意义，要用解释学的方法研究社会现象，突出强调文化和人主观能动性作用。社会哲学家 W. 狄尔泰指出③：对社会和人类行为的研究离不开价值判断，社会科学的任务不仅是客观描述社会，还必须涉及伦理、宗教、艺术等价值观念。任何一个历史现象都是独特的、偶然的，我们无法对此采用自然科学的"规范"方法加以研究，而只能用人文科学的方法加以阐述和记录。M. 韦伯建立的理解社会学，既反对人文学派的主观唯心论，也反对机械的实证论，主张"价值相关"和"价值无涉"是研究社会现象的两条相互制约、相互补充的基本原则。尽管在 W. 狄尔泰和韦伯以后，许多社会学家在社会学研究范式上出现了分裂与对立。但是以 E. 戈夫曼为代表的拟剧论，P. 伯格和 T. 卢克曼的宗教社会学观点，以及 C. W. 米尔斯、A. W. 古尔德纳和 A. 吉登斯等人都从各自不同角度对传统实证主义社会学进行了批

①　马克斯·韦伯著，李秋零，田薇译. 社会科学方法论［M］. 中国人民大学出版社，1999，01：01.

②　迪尔凯姆著，胡伟译. 社会学研究方法论［M］. 华夏出版社，1988，12：06.

③　W. 狄尔泰著，方晶刚译. 哲学的本质. 余吾金，吴晓明主编《二十世纪哲学经典文本》第一卷. 复旦大学出版社，》，1999：764－781.

判,他们反对传统社会学理论上的自然主义和方法论上的实证主义倾向,主张以理论上的人文主义和方法论上的主观主义与之抗衡。由于他们所处历史时代、文化背景和社会思想上的明显差异,各自在具体学术观点上也存有诸多区别甚至对立。它们与实证主义社会学的关系,也由对立走上互相渗透和彼此吸收。80年代以来,社会学在呈现理论多元局面的同时,出现了试图作出某种综合的发展征兆。但西方社会学家大多在某种程度上一直坚持由孔德和迪尔凯姆所开创的实证主义方向,都认为社会学是经验科学,传统的实证主义虽然在方法论上有弊病,但可以进行修正、完善和补充。他们的科学观还是属于后实证主义,在研究方法上,他们也都认为社会学是经验科学领域的科学。他们认为社会学不是探讨"应该如何",而只是客观地阐明社会"究竟是如何"。他们坚持认为社会研究的逻辑方法是假设演绎法,科学假说的陈述必须由经验事实来检验,理论仅当它得到经验证据的完备支持时才是可接受的。

与这种方法截然不同的是实地研究法。实地研究法(Field study)是指不带有理论假设而直接深入到社会生活中,采用观察、访问等方法去收集基本信息或原始资料,然后依靠研究者本人的理解和抽象概括从第一手资料中得出一般性结论的方法。其为一种重要的社会学和人类社会学研究方法,它最初为社会人类学家采用,最早的范例当推英国著名社会人类学家B. K. 马林诺夫斯基对澳大利亚特罗布里恩德群岛土著居民的研究。他曾于1914～1921年在太平洋美拉尼西亚特罗布里思德群岛与土著居民共同生活,研究他们的文化和生活方式,写下了著名的《西太平洋的淘金者》(1922)。洛夫兰夫妇在其著作《社会情景分析》[①]中,曾把实地研究适用的议题归纳为十种:1. Practice(实践);2. Episode(情节);3. Encounters(邂逅);4. Roles(角色);5. Relations(关系);6. Groups(群

---

① LoflandJ, Lofland L. Analyzing Social Settings:A Guide to Qualitative Observation and A-nalysis. [M]. Wadsworth, Belmont, CA. 1995;44－45.

体);7. Organizations(组织);8. Settlements(聚落);9. Social world(社会世界);10. Life styles or subculture(生活形态或亚文化)。而美国人类学家威廉·富特·怀特把实地研究作得前所未有的彻底,他成为了研究对象的一分子,用"融入—观察—跳出"几个步骤概括参与观察法,将这一方法成功地运用于城市社区和组织文化的研究。

实地研究法,作为田野工作的一部分,主要目的是为了更好地收集资料,方便田野工作者对所研究主题进行分析并得出相关结论。其可以使人类学家把目光集中在对其文化有意义的行为模式上,去寻找那些有规律的行为特征的先后次序,注意其在不同情况下的变化。可以描述所研究对象发生了什么,他们的反应如何,为什么有这样的反应,以及他们的应对方法等一系列的内容。实地研究作为一门定性研究方法,特别适用于那些不宜简单定量的社会研究议题。人类学之所以去做田野是因为背后有一整套社会理论在支撑,马克思、韦伯、迪尔凯母是不可能绕过的。黑格尔①有句名言:"熟知的东西所以不是真正知道了的东西,正因为它是熟知的。"就像费孝通先生说:"通过一个人的生活中去概况出一个任何人的生活都逃不出一个总框架,通过这个框架才可以看到每一个生活的一举一动的意义。"人们在与自然世界互动的过程中会不断赋予各种事物以自己独特的意义,他们通过这些意义进行一系列的互动。若这些意义是真实的,那么其互动也是真实的,自然其结果毫无疑问更是真实的。对于所研究对象而言,他们所处的生活就是他们认为最真实的,若想了解研究对象的更多细节,只有深入到他们的生活当中去才能知道他们所赋予给各种事物的意义是什么。在探索意义的过程中,工作人员会对当地生活更加了解,就有可能从那些所收集到的看似毫无规律的资料中判断资料的有效性和真实性。也就是说,参与观察发法对于了解所研究对象的意义世界提供了直接体验和观察的途径。

---

① 黑格尔著,贺麟,王玖兴译.精神现象学[M].商务印书馆,1979,06:08.

任何田野工作中所运用的实地研究法都不太可能做到马克斯·韦伯所提出"价值无涉",也不可能摒弃自己的主观性。这种方法注重对少数个案的深入理解,有时也被指责为主观想像色彩较浓。关于这些问题,只有一个解决方法,就是不断深入地参与观察。人类学和社会学在研究方法上的区别其实不是绝对的,并不是说人类学中没有定量研究、问卷调查,或者社会学中没有定性研究、参与观察。其实芝加哥学派的社区研究和人类学的田野工作一直有着密切的联系。在中镇(Middletown)研究里,就已经渗透了人类学田野调查的经验。怀特在波士顿北区进行的研究(1937～1938年)是美国社会学和人类学交融的另一个例子。怀特解释说,在进行实地研究时,他是从社会人类学的角度工作的,社会人类学家阿伦斯伯格(K. M. Arensberg)指导他读了很多人类学著作。怀特是带着《街角社会》的初稿进入芝加哥大学社会学系,并继续在社会人类学家沃纳(W. L. Worner)指导下完成论文的,可以说怀特是带着人类学的经验进入芝加哥学派。而芝加哥大学1929年建立人类学系,对这个系产生重要影响的有芝加哥学派的托马斯、法里斯(E. Faris)。人类学家雷德菲尔德(R. Redfield)在1928年提出的小社区的"民俗文化"的概念,可以说是芝加哥学派与人类学混合的产物,也是两者共享的。而在人类学的发展历史上,引入定量方法的研究,以默多克的跨文化比较研究最为经典。默多克应用定量方法从事的跨文化比较研究,主要体现在他1949年出版的《社会结构》一书。该书以全世界250个社会的民族志资料为基础,作了有关亲属制度的跨文化比较研究。费孝通先生在其近70年的学术研究中,始终把社会学和人类学密切联系在一起,用人类学的理论和方法来研究当代中国社会的变化,关注人类社会和人类生活所遇到的或将面临的现实问题。

因此基于上述对社会学及人类学方法论的厘析及讨论,本研究试图在都市人类学理论构建下,以"城中村"居民参与体育活动的空间作为一个实地调查的实验室,选用大量的个案研究,以个人、家庭、组织及社会为纽带理解"城中村"体育发展现状,参与观察"城中村"居民的体育活动方式。因此本研究并没有一种普遍的方法论,而是以参与观察的人类学传统研究方法为主,以文献分析、深入访谈,个案分析法为获得资料的辅助手段,并将定量、定性相结合,撷众家之所长,而尽可能的对每一个案例进行反复参与观察,以加强方法论上的严谨。以解析"城中村"居民在城市空间的体育生活,最终以"四个城"中村为主要分析对象,阐述"城中村"居民群体在城市空间中体育生活的演绎历程。

　　具体的研究方法包括:①参与观察法。主要观察他们的休闲娱乐方式和体育生活方式。体育生活方式包括,他们体育项目、体育活动空间、体育的认知和体育价值观。亲身观察他们的日常体育生活行为习惯,体验他们体育生活方式,寻找他们社会空间的发生根源以及在这中间如何在异质性认知实现共同性。从"城中村"居民个人的体育活动追溯其全面社会关系。以个人、家庭、邻里、朋友、组织及社会为纽带关系,从三个空间,即生活空间、休闲空间、工作空间进入,揭示他们体育参与体育活动的过程和目的,以及他们从事体育活动过程中构成的社会关系。观察和解析"城中村"居民的体育社会行为及其相互关系。从人际关系、群体关系、社会组织内关系三方面探究他们的体育社会关系。②访谈法。访谈法主要用深度访谈、个案访谈和焦点访谈,事先准备好访谈提纲多次访谈、重复访谈、深入访谈。访谈的对象不仅包括居住在"城中村"的居民、村委会管理者,还包括城市居民、研究"城中村"的专家和学者、城市管理者以及执法部门。被访谈对象在不同空间、不同职业、不同年龄进行选择,以确保其代表性。深度访谈集中为四个问题:一是他们的生活经历、生存方式、休闲娱乐方式及体育生活方式;二是在不同空间从事体育活动的经历以及对自己影响;三是关注社会变迁对他们体育行为的影响、他们对体育的认知、现在从事的体育活动以及他们对体育生活的诉求和期望;四是关注他们体育的失范行为、讨论引起体育失范行为的原因以及他们对这种体育社会问题的认知和态度。焦点团体访谈是我运用比较多的方法。由于"城中村"居民在锻炼身体的时候多是集体行为,他们聚集在公园、休闲广场、体育场馆等公共空间,这为焦点访谈提供契机,焦点访谈主要是对研究的问题进行集体性探讨、集体性构建,能节省时间,而且信息量大,能在短时间内获得丰富的材料,但是获得的资料也比较杂,资料的整理、分析非常困难。③文献研究法。包括以前的研究资料、新闻报道、管理部门的统计数据和案例记录资料、政府的政策法规以及国内外相关研究的学术论著、期刊论文等。④个案研究法。选择比较典型个案进行分析。

4.3　田野历程及资料的获得

4.3.1　制订计划

在没有进入"城中村"之前,你永远也不会知道接下来会发生什么。因为调研对象对于每一田野调查者都属未知。对与如何进入田野,如何让调查对象接受你,这可能是每个有志于田野调查的人类学家将要面临的难题。2012年12月冬天,笔者背着行囊,开始对全国各地城市的"城中村"为期一年零四个月的实地考察。在进入城中村调查现场之前,笔者阅读了大量的有关城中村研究方面的相关文献资料,并作了详细的计划,但笔者出入调研地点就遇到了所有人类学家和社会学家都面临的难题。

2012年初冬,笔者按照导师提出的三个理论假设开始制订进入"城中村"调研计划。三个理论假设是:(1)"城中村"没有基本的公共服务体系;(2)城市化不是空间的城市化而是人的城市化,体育具有促进人城市化的功能;(3)每个人都有参与体育活动的权利,"城中村"的居民也有权利平等享受城市体育文明的成果。在进入"城中村"之前,笔者对"城中村"的了解,仅限于文献资料的介绍和新闻媒体报道,缺少实地调查的资料,在笔者的印象中,城中村应该是满足人口密集、污水满街跑、垃圾遍地撒、人员构成杂、治安状况差、楼挨楼、楼靠楼等这些条件。但随着对资料深入的研究和把握,笔者发现"城中村"是一个时间概念,它会随着时代的发展而发生变化,直到最终消失,"城中村"的发展是一个过程,在这个过程不同阶段的"城中村"表现出不同的特征,而笔者印象的"城中村"只是中国城市化发展过程中,其中一种类型的"城中村"。笔者于是在正式进入实地考察的村落之前,对全国的"城中村"进行了一个粗略的调查。为了感知整个时代变迁的脉络,笔者带着研究任务于2013年1月1日开始对"城中村"进行实地考察。一路经过"石家庄、武汉、重庆、长沙、广州、深圳、昆明、老挝(谭华教授建议笔者到老挝走一趟,他认为老挝目前的发展现状相当于中国改革开放之初的年代)、成都、上海、呼和浩特、长春、再回到北京",整个调研过程历经两个月,目的是把"城中村"的实地考察资料作为笔者研究北京"城中村"的材料背景。根据实地考察的基本情况,笔者依据时间、地域、性质以及贫富四个主线,选择北京城市的四个"城中村"为本研究的调研对象,即高碑店村、树村、南宫村以及东大街村。制订初步计划以后,笔者开始有计划地实施田野调研活动。

4.3.2 进入"城中村"

2013年3月1日,笔者进入树村。最初进入树村的方式是带着问题直接到了村委会,希望得到村委会的支持,而这种想法在进入村委会大楼的那一刻开始,笔者就打退堂鼓了,村长和笔者擦肩而过,办公室人员阻止笔者接近村长,无奈笔者只能和办公人员交谈,只简单了解了村子的一般概况。接下来,笔者大约用了一周的时间也没见到村长,而且出现了一个怪现象,只要笔者进入村子,就有村委会的工作人员跟着笔者,笔者几乎花了半个月的时间,都不知道树村的村子究竟有多大,对于哪些是树村当地的居民,哪些是外地居民根本分不清楚。

2013年3月15日笔者回到学校,多方联系相关人员希望能打开村委会壁垒,但终究没有成功。2013年3月20日,笔者在树村租住一间单身房,住在树村。接下来的调研依然不顺利。树村的人口结构复杂,人群来自天南地北,说着天南地北的方言,在这里众多的陌生人居住在一起,大都处于自我封闭状态,生活在自我居室和自我心理的狭窄空间。人与人之间缺乏了解、交往、信任、友谊,尽管对面就是邻居,但彼此却老死不相往来。一个阿婆告诉笔者,这里几乎每天都发生一些事件。在树村,笔者大部分时间是在村子里行走,考察树村的体育场地设施空间的分布情况及使用情况。散散落落的居民被淹没在狭窄的楼缝里。每天,笔者侧身穿过两座楼的夹缝,跨过恶臭的垃圾堆,瞄着垃圾站边津津有味蹲着吃早餐的人群,笔者就开始了自己的采访,见人就交谈,希望能发现一些一些蛛丝马迹。在和房东慢慢熟悉了以后,笔者从房东那里了解了树村的基本面貌和发展情况。

2013 年 4 月 3 日,笔者的电脑坏了,到中关村维修电脑,认识了一个住在树村的电脑维修员,而他居住的地方和笔者相邻,笔者把自己调研的主要目的说明以后得到了他的大力帮助和支持,对他的朋友、家人和邻居进行深入观察和采访,自此笔者在树村居住快一个月的时间后终于找到了进入了树村的切入点。笔者接下来的调研就相对顺利了一些,初步了解到树村的人口结构构成,弄清楚了他们的基本收入、休闲娱乐的基本情况,接触到的人群范畴也逐渐扩大,不同群体的娱乐方式逐一在笔者面前展现出来。应该说,让笔者花费心思最多的是三个群体,一个是笔者在2014 年 4 月 15 日遇到一个以体育为手段进行诈骗的组织,一个是参加BBL(英国篮球联赛)篮球限高比赛的草根俱乐部,另一个是树村居民组成的退休老年运动队。笔者对这三个组织进行了深度调研,在论文快要结束之前,笔者还在访谈了解他们运动的情况。笔者自认识了树村当地居民组织的运动队以后,对当地居民的体育情况也找到了进入的切入点,真正开始融入树村居民的体育生活,在这里笔者和他们同住同生活,并与2013 年 4 月 18 日参加当地居民一次送葬仪式,在送葬的仪式中,笔者认识了大批树村当地居民,也是笔者第一次遇到如此规模的当地居民,以此为契机笔者对当地居民的真实生活和体育生活进行了深入了解。2013 年 4

月 20 日,笔者在树村从早上走到晚上,竟然从七扭八歪的泥泞小胡同走到了一条河的旁边,晚上树村的居民在河边散步、遛狗,孩子们嬉戏玩耍,一些人在跑步,一些人打羽毛球,这和笔者先前看到的完全不一样,那种沉闷、压抑、排斥,在这个河畔完全不存在,像是到了另外一个世界,笔者参与一群人踢毽子的行列,才知道他们是居住在树村的居民。在此偶遇到了当地居民李姐,她和村长是同学,并帮助笔者打开了村委会的壁垒。笔者是幸运的,之前一直排斥笔者的村长以及村委会也开始接受采访。笔者于 2013 年 5 月 1 日离开树村回到学校,并对树村得到的资料进行整理和归类,但对于树村的调研并没有结束,对于每一个采访人,笔者都留下了联系方式。之后笔者为进入下一个村子调研准备了一个新的计划。

　　2013 年 5 月 11 日,笔者开始对东大街村进行田野调查,鉴于在树村遇到的种种,笔者这次并没有直接接触村委会,而是选择在离村最近的小旅馆住下。小旅馆离村子有 1000 米左右,在村子的对面是一条河,孤零零的一个小旅馆。当天笔者到达旅馆的时候已经是夜里 10 点了,只剩下最后一间房子,由于旅途劳顿,笔者很快就睡着了。早上醒来,许多人都用怪异的眼光看着笔者,并且议论纷纷,笔者问:"怎么了?"大家说半夜闹鬼,有人听见笔者的房间有人哭,半夜大家敲门,却怎么也不能把笔者喊醒。笔者这才想起,自己住那间房子的怪异布置,枕头底下缝了两块红布,靠窗子挂一块红牌子,靠门口有一面红墙,靠床头有一个桃木桌子。后来的村民告诉笔者,那家小旅馆曾经有人被杀,后来一个居客,又莫名其妙死在了那里,人们都说那个房间闹鬼。这次偶然事情,让笔者再一次意识到,乡村文化的鬼神之说对居民影响的巨大作用。城市化的发展远远没有我们想象的那样乐观。这也让笔者临时改变了自己的计划,决定顺着这一线索,以一个旅游者的身边进入村子,了解了基本情况以后,最后再说出自己的目的。接下来,令人困惑的事情是笔者根本找不到要调研的村子在哪里找到这个村子究竟在哪里,那是比登天还难,笔者就在村委会转来转去,却没有一个人能说清楚东大街村究竟在哪里,他们告诉笔者的就是村委会所在的地址。最终在路人的指引下,笔者找到其中一个村干部家里的小卖店。那里有一个妇人正在卖东西,这个妇人是东大街村村长的夫人。整个下午闲谈的话题都是有关笔者居住的那个小旅馆死人的事情以及一些宗教鬼神之说。也因此笔者和村长夫人建立了融洽的关系,并拖着行李箱住进了她的小店旁边的宾馆里。在几天交往的时间里才知道,该村子的村庄早就在城市过程中被拆迁了,只留了一个村委会办公地点和村委会集体企业,居民都散居在怀荣市区里各个社区或者其他还没城市化的村落里,要想找到该村的居民还是比较难的。在村长夫人的帮助下,笔者最初采访的人是三个,一个是村长的母亲,一个是残疾军人家属,一个是普通居民。第二天一上午都下雨,中午晴天了。雨过天晴之后和村长夫人到她经常踢键子的公园去锻炼身体,这次的经历,让笔者发现了一个秘密组织就是依靠一个 XX 体育协会而发展起来的传销组织,大家聚集在公园锻炼身体,散去后却被拉入传销组,传销组织比较隐蔽,参与的人员多达上千人,笔者是他们的发展对象,为了弄清楚他们是如何利用体育组织进行传销的以及他们组织的人员结构,笔者对中国 XX 体育协会组织进行了跟踪调查,接下来笔者发现凡是参加 XX 体育协会组织的成员,各个身怀绝技,身体都很健康,目的是可以利用自己健康的身体,告诉加入传销组织的人,他们销售的药品是有效的,而且是合法的。体育本身的特性,让越来越多的不法分子利用,回来以后笔者把些情况作了详细记述。之后该村的村长也接受了笔者的采访,村长告诉笔者他们村子外来人口有 1000 人,笔者对这样的数字特别困惑,因为这个村子根本没有村址,谈何外地居民呢?交谈中才明白,凡是在他们村委会注册的以及在村委会集体企业打工的外地居民,都属于该村子管辖领域范畴之内。像东大街村这样的村子,在北京是一种普遍现象,大部分村庄被拆迁以后,邻里关系也随着散了,唯一联系他们的纽带就是村委会,而一年一度村委会组织的农民运动会,才能真正把居民聚集在一起,平时他们在什么地方,根本无法找到。该村青中年人多在北京市,而留在这里的青中年人多是外来人口。健康和金钱相比,这里人宁愿损害自己的健康来获得更多的金钱,这里的人都希望看病国家给报,锻炼身体的是少数的,有一些人从来不锻炼身体,甚至对体育一无所知,一些人认为参加体育锻炼是没事闲得慌的事情,可如果发展体育活动可以就业,并且带来更好经济利益,居民们会说非常愿意。在这里最受欢迎的娱乐是扑克牌、打麻将和踢毽子。了解了一点当地居民的鬼神之说,让笔者得以和当地居民关系拉近,使笔者的调研相对于树村来说要顺利些。笔者与 2013 年 7 月 11 日离开东大街村,并把相关人员的联系方式都留下。回到学校对东大街村收集的资料进行了整理和分类,为进入下一个村子作计划。

2013 年 7 月 20 日笔者进入南宫村。进入南宫村的障碍是最少的,因为以前的机缘巧合笔者曾经在该村居民的手里购买过新华保险,恰恰是他们为整个南宫村调研提供了便利,由于熟人的介绍和帮助加上之前两次调研的经验,笔者很快就融入了该村子的生活中。刚刚接触这个村子的居民笔者有点发蒙,因为这个村子的外观实在太漂亮了,景色美得让笔者对自己选择这个村子都产生了怀疑,这真的是"城中村"吗?因此笔者不得再次查文献资料,查阅各种可能能给它定义的名词,最终笔者明白了选择这个村子作为自己的调研对象是多么的重要,因为它是城镇化过程中产生的新型事物,是新类型的"城中村",因为外观看起来更像城市而被专家、学者和政府当局忽略。笔者第一次进入南宫村文化广场的时候就被当地人当成了记者,大肆宣传他们锻炼身体的热情,最初打 CS 的老年人就是从这里接触到的,初步印象是这里的居民真的很热爱运动,但随着笔者的深入了解,问题才逐渐暴露出来,真正锻炼身体的总是那么几个经常来广场人,事实上,这个村的居民拥有一流的体育设施和体育场馆,可真正能参加锻炼的人,没有几个。同时笔者发现,这个村子的交通实在不方便,笔者从居住地步行到该村子体育场要行走一个半小时才能到达,而村子里不通公交车,也没有出组车,当地居民的主要交通工具就是摩托车,因此笔者借用了朋友的摩托车每天出去调研,有时候朋友也会陪着笔者。这里的所有体育场地都是收费的,笔者调研的时间正值夏季,而各场地都是空无一人,偶尔也只是遇北京某单位包场踢足球的。而且该村和邻村的人,经常因为进入场地等问题发生纠葛和冲突,因此笔者把调研延伸到了与该村子相邻的几个"城中村"。由于朋友的帮助,笔者对该村的调研相对顺利,笔者于2013年9月20日离开该村。

2013年9月28日笔者开始住进高碑店村,高碑店村是笔者比较熟悉的村子,是实地调研的最后一个村子。

鉴于前面采访的经验,这次笔者进入高碑店的方式是雇用居民的三轮车,拉着笔者在村子里到处转,一边转一边和"司机"聊天。笔者认为采访的最佳方式是不直接告诉对方你的真实目的,也不要告诉你真实的身份,见到人就聊,聊家长里短,然后引出自己的问题。其中一个是靠三轮车赚钱的车主,2000年农转非的,他从没参加过任何体育活动,家里人也没参与过任何体育活动,闲时打打麻将、扑克牌和喝酒。一个是自家用的三轮车,捎带笔者到达笔者想要的目的地。他自己养信鸽,并没有参加信鸽协会,但是他的鸽子却参加过比赛,是朋友拿着他的鸽子去比赛,他的朋友是信鸽协会的。他并不知道信鸽协会是什么组织,仅仅是喜欢养鸽子,自娱自乐,村子还有一些村民喜欢养鸽子,经常相互交流养鸽子的经验。他告诉笔者他是2000年农转非的村民,住在社区管理的楼房,但仍然是这个村的村民,社区是村委会的下级单位,这个村已经有三个社区单位了,分东西区及某某家园。东西区是原来旧村,某某家园是拆迁上楼的村民。他除了养鸽子,平时早上还到楼下的公园散步。他告诉笔者村里很多人都赌博,急需要一些健康的生活方式,非常希望有人来管理,他隐约觉得这是一种隐患,有的人已经因为赌博又变得贫穷了。非常希望体育进入村民的生活。笔者乘的第三个三轮车的师傅是一个不太淳朴的居民,他要的价钱比其他人高两倍,无论怎样讨价还价他都不肯,因为觉得有故事,笔者也雇了他的车。一边说他抠门,一边和他闲聊,他平时爱喝酒,喜欢赌博,不喜欢锻炼身体,他周围的人也不参加体育活动,村子的一切活动都不关心,抱怨很多,感觉自己很不幸福。笔者问他,如果有人组织让他参加一项体育活动,帮助他锻炼身体,保障他的身体健康,是否愿意?他问笔者有钱吗?笔者说有奖励,没钱。他说谁吃饱了撑得?没事干瞎折腾。

住进高碑店村的第五天,在漕运码头,笔者看到有龙舟队员在参加训练。这条河不属村委会管理。每年四月份有农村体育运动会,有踢毽子、跳绳、拔河。春节,十五有庙会、有高跷、小车会表演节目等。在调研地区的公园里,经常遇到他们唱豫剧《沁园春·雪》,唱得气势磅礴,居民告诉笔者说,这是锻炼身体,提高肺活量。

这里商户租的都是当地农民的房子,一般租用期是二十年。租户从农民手里把房子低价租过来,再转租给商业业主。税是六个点,交给村委会。这个租户是村委会,村委会成立专门组织来管理,帮农民把房子租出去,每户每年收 10 万,同时收租房业主六个税点。

村子的活动室,只允许当地的村民进入,禁止外地人入内。并且安排一个看门的村民来监视过往的外来人口,即使笔者这个调研者也被阻在门外。活动室是一些打麻将、打扑克的村民,还有一些村民赌点钱,喝点酒等。那些舞龙舞狮、赛龙舟、游泳的生活方式,已经渐行渐远了。笔者看到一个羽毛球场空无一人,空地上有一些孩子在玩耍,外面的人行色匆匆。

四个"城中村"中,传统体育传承最好的是高碑店村。走在高碑店村街巷里,随便问一个居民"你知道高跷吗"?他们都会回答你,"不知道"。当你再问:"你知道到高跷都在哪里表演吗"?当然你得到的答案依然是失望的。这和笔者先前在网上书本、电视上看到的报道完全不一样,你或许以为自己走错了地方。但笔者真真切切就在高碑店村子里。只有深入生活在其中,才能体会高跷文化对这个村子的影响。这个村子贫富差距很大,东村和西村形成鲜明的对比。在调研快要接近尾声的时候,笔者的感慨也越来越多。社会总是要发展的,不发展怎么行?每个人都应该拥有健康的权力,每个人都应拥有锻炼身体的权力。中国要发展,路还很长。在村委会中笔者了解到,北京市已经把高碑店村作为健康北京实验试点推动居民体育活动。这也为高碑店村发展体育运动提供了一个良好的政策支持。

2013 年 11 月 28 日,笔者的第一轮田野生活结束,虽然笔者把时间进行了分段,但事实上,因为四个村子都在北京,所以,笔者对四个村子关注和了解是同步的,几乎也是同时进行,有时候早上在高碑店村了,晚上就到树村了。之所以把时间分段,只是分段的这段时间主要以某个村子为主,如果其他村子有重大的体育涉外活动,笔者会从所在调研村子赶到另一个村子过去调研,活动以后,再回到调研所在的村子。在四个"城中村"所租住房间都是一年半的时间,笔者把这四个村子当成自己生活的主要地方,并和当地居民结下了深厚的友谊,每当村子有什么重大的事项或者和体育有关的活动,都会有朋友通知笔者去调研,这是笔者在田野调查中获得最宝贵的财富。

第一轮调研结束,笔者被一大堆乱糟糟的资料弄得焦头烂额,不知道如何处理,经过一天的思考,笔者决定认真对这些资料进行研究,大概花费了三天三夜的时间,才把所有的资料进行了整理和分类,并且详细地记录了笔记。结果发现有一些资料完全和主题无关,现有的资料依然不能让笔者的思路变得有条理。这让笔者不得不再一次返回到"城中村"居住。并且在第二轮调研过程开始尝试着撰写论文,在此期间,笔者都是一边巡回于四个村子中,一边撰写自己的论文,直到论文撰写成为止。"城中村"每天都在发生着变化,调查研究是一个长期的过程。

本研究所得的资料一部分来自村委会、村子档案室、地方县志、村志,一部分来源于对居民的实地采访,一部分是由笔者的实地考察得来,还有一部分是互联网文献资料。尽量做到资料无限接近事实的本来面目,为自己的研究提供更详实、可靠的资料准备。一年多来笔者田野笔记和访谈记录累计有 50 万字。照片有 2000 多张,加之录音、录像资料,一起成为本研究的基础研究资料。

5 分析讨论

5.1 "城中村"概述

5.1.1 移民型"城中村":树村

树村为唐代地名,《唐窦氏墓志铭》①记载:"乾符六年(879)九月五日,殁于蓟县北十里树村之原。"明正德年间,大臣李东阳有《卜树村新庄约方石先生不至,次韵四首》,他在《复畏吾村旧茔志感十首》中写道:"行尽房山复树村,三年歧路几销魂。"嘉靖三十九年(1560)张爵《京师城坊巷胡同集)②中称"树村"。

树村,位于北京城北,属于海淀区,南起皇家园林圆明园,北至西北旺,东与北京体育大学相邻,西以中国农业大学为界。在北五环外,靠近五环路。村域面积4平方公里,下辖5个自然村、3个公司、10个三级单位③。树村是海淀区一个多民族聚集村,村中回民有夏、马、李、金、张诸

---

① 唐·唐窦氏墓志铭.
② 明人,张爵. 京师五城坊巷胡同集.
③ 树村村委和海淀镇官网. http://hdx.bjhd.gov.cn/cjjs/cjjs/201011/t20101126_226373.htm.

姓,聚居于树村街、树村北头和前河沿等处。附近王庄、正白旗有少量满、马等姓氏的回民。附近有几所大学,地理位置优越,房租相对便宜,吸引了大量外来人员。常住人口:1190 户居民,农转非的有 1800 多人。外来人口大概 15000 人①(实地调研得出的数据是 7~8 万人)。居住在树村的本地居民不超过 1000 人,确切地说树村是一个大杂居的多民族移民村。这些人来自全国各地,有东北的,山西的,江苏的,河北的,内蒙古的,河南的,安徽的,广西的,云南的等,人口来源几乎遍布全国各地。由于外来人员流动性强,也带来治安差、管理压力大等各方面的问题,给村子的管理造成许多困难。当地的农居管理也非常混杂,既有村委会,又有居委会,居委会管理农转非的居民,村委会管理没有农转非的农民。一部分居民居住在回迁城市社区,一部分居民仍在原村落居住或外迁其他城市社区,居民住宅被周边城市建筑所包围,树村里面又有个万树园小区,住的绝大部分是树村的回迁户,在原来的房子拆迁后,他们搬进小区住进楼房。树村相应的村委会组织及社会关系都得到了延伸,逐渐形成具有村社混杂特质的移民型"城中村"。该"城中村"既表现为地理实体的存在,也表现为一种组织实体的存在。

树村居民休闲娱乐有两种类型:一种是健身娱乐类。传统体育项目有秧歌、腰鼓、踢毽子、太极拳等;现代体育项目有篮球、羽毛球、乒乓球、网球、广场舞、跑步、轮滑等;还有农民体育节、以及现代农民运动会等。

---

① 有关树村外来人口的数据是树村村委会提供,并在海淀区海淀镇"树村村委会"的简介中以官方的文件对外展示. 但是笔者在实地调研中发现,居中在树村的外来人口远远超出村委会给出的人口数。在采访当地居民和外地居民时,居民认为居住在树村的外地人口大约在 6~8 万之间,为了进一步证明居民给出的人口数据的真实性,笔者实地走访了树村整个村庄,依据每一户所拥有的出租屋房间数,用数学统计的方法计算出,居住在树村的外地人口应该在 7~8 万之间。调研得出的外来人口数和官方给出的人口数之所以有差距,是因为统计的方法不一样,官方给出的数据是有暂住证的外地人,由于树村流动人口很大,很难得出实际人口的真实数据,村委会只能以在村子里办暂住证的外地居民作为统计依据。本研究以实地调研得出的真实人口数据作为研究的依据。http://hdx. bjhd. gov. cn/cjjs/cjjs/201011/t20101126_226373. htm。

一种是休闲类娱乐类。有麻将、扑克、游戏厅、桑拿、KTV、读书、农家乐、看电影电视、上网、下棋、赌博等，以及各种卡拉 OK 比赛、交谊舞比赛、台球比赛、老年人趣味赛。最大的公共活动场所是树村郊野公园。

5.1.2　商住一体型"城中村"：高碑店村

高碑店村位于北京市东长安街延长线南侧，在北京 CBD① 和五环路的高碑店路之间，距离天安门广场 8 公里。东临五环路，南通广渠路、京沈高速路，西临高西店、四环路，北有北京华润饭店、紫檀博物馆、高碑店兴隆公园、高尔夫球场。辖区面积 2.7 平方公里。村里高压线林立，有三条铁路过村。从四环路过通惠灌渠桥入村，村口立有村碑。沿高碑店路往南，路西侧有平津古闸遗址、漕运奥运文化广场、高压线、郭守敬雕塑、高碑店文化活动广场、龙王庙、将军庙、孝悌园、干部培训基地、西村社区服务站、西村住宅区、国际民俗接待区、高碑店村委会、高碑店污水处理厂、医药批发公司。路东侧有东村住宅区一区、茶楼酒肆一条街、通惠灌渠分支、东村住宅区一区二、古典家具一条街、三条铁路线、民俗文化大街、民俗文化园。

高碑店村，现有户籍人口 6600 人（其中农民 768 人），流动人口 10784 人。2002 年，随着城市化进一步加快，高碑店村内高压线、污水管线、铁路、河流穿村而过。通惠灌渠污水横流，两岸盖了不少狗窝、厕所、煤棚子，还有好多坟头，一条十多米宽的渠，被垃圾填满了，最窄的地方一步就可以迈过去。全村逐渐变成了一个"农村无农业，农民无耕地，农转居无工作"的"三无村"。村里有失去土地的农民们，转工达 3 万的这些工人们成为典型的"城中村"。从 2006 年开始，北京市委给了高碑店新村建设的政策，高碑店村开始拆迁整治。至今已经发展成"三区两街一

---

①　北京商务中心区（Beijing Central Business District），简称北京 CBD，地处北京市长安街、建国门、国贸和燕莎使馆区的汇聚区。

园"的格局。"三区"即建设东、西和文化园三个新农村社区。"两街"是指高碑店古典家具文化一条街和高碑店国粹艺术街。"一园"即医药文化产业园。农民一部分转换为文化产业集团股东、民俗文化继承人持有者、集团雇员、民俗文化工作者表演家;一部分转为居民;一部分还保留着农民的身份。一部分居民居住在回迁城市社区里,一部分居民仍在原村落居住,村落分东、西两村,西村居民住宅区和商业区混合一体,实行社区化管理,东村居民居住在旧村,改造正在进行中,直接由村委会管理,迁至其他社区的高碑店居民,也由村委会管理。由此形成了村社一体管理模式的社区,相应的组织以及社会关系都得到了延伸,该村社既有地理实体的存在,也有组织实体的存在,是一种具有村社特质的商住一体型"城中村"。

居民休闲娱乐有两种类型:一种是健身娱乐类;一种是休闲类娱乐类。有麻将、扑克、游戏厅、桑拿、KTV、读书、农家乐、看电影电视、上网、剪纸、泥塑、刺绣、年画、木雕、唐卡、风筝、香包、遛鸟、遛狗等。高碑店15户人家被北京奥组委指定为"奥运人家"。

5.1.3 新型"城中村":南宫村

南宫村隶属于丰台区王佐镇,明置顺天府西路厅良乡城良乡县及顺天府西路厅房山城房山县,清代成村,《房山县志》称南公村。清朝称南宫屯、北宫屯,《房山县志》[①]称南北公村。南宫村位于北京西南郊永定河以西,南宫村由云岗、北宫、南宫三个自然村组成,总面积4.5平方公里。丰台区王佐镇南宫村地处北京西南郊村域北侧,毗邻航天部第三设计研究院及生活区——云岗地区,南侧有南水北调线位,东侧是京石高速路、京周公路,西侧有牤牛河和六环高速公路。

南宫村现有农业人口285人,132户,小城镇人口2050人,797户,居

---

① 清·房山县志.

民人口 756 人,483 户,现有流动人口约 5000 人。南宫社区服务中心成立
于 2003 年,居民住宅区和城市建筑交相辉映,相应的村委会组织及社会
关系得到延伸,使其既为一种地理实体的存在,也表现为一种组织实体的
存在。由于南宫村地处北京城的城乡结合部,是北京市一个重要的边缘
中心,离北京市区比较远,靠近六环外,其城市化过程是一个主动的过程,
而不是被动过程,因此在外观看起来更像城市。在城市化中这样新型
"城中村"将会大量出现,其和传统型的"城中村"有本质的区别,是一种
具有村社特质的"新型"城中村。

居民休闲娱乐有两种类型:一种是健身娱乐类。有百人秧歌、百人腰
鼓队、百人木兰扇队、百人太极拳、威风锣鼓等传统体育项目;有篮球、羽
毛球、乒乓球、网球、广场舞、百人健身球、跑步、极限、户外、CS、轮滑等现
代体育项目;还有农民艺术节、风筝节、烟火节、以及现代农民运动会等。
一种是休闲类娱乐类。有麻将、扑克、游戏厅、桑拿、KTV、读书、农家乐、
看电影电视、上网,以及各种卡拉 OK 比赛、交谊舞比赛、台球比赛、老年
人趣味赛、独生子女趣味赛。参加了莲花池庙会、青龙湖龙舟赛、温泉水
世界等大型节庆活动的花会表演。

5.1.4　空壳"城中村":东大街村

怀柔区是北京市的远郊区,地处燕山南麓,北京市北部。东临密云
县,南与顺义、昌平相连,西与延庆县搭界,北与河北省赤城县、丰宁县、滦
平县接壤。怀柔县辖镇、县政府驻地位于县域南部,东邻北房、杨宋两镇,
南与庙城镇交界,北至红螺山南麓与范各庄乡毗邻,西濒怀柔水库与北宅
乡相连。东大街村位于怀柔县辖镇中心。东大街村属于怀柔区。位于怀
柔区东,怀荣镇中心区。截至 2013 年 7 月 24 日,村现有农业户 138 户,
211 口人,管辖包括已转非的、外来人口总计约 2000 人左右,社会管理成

本非常大。①。

　　村委会及村股份企业被周边城市建筑包围,相应的组织及社会关系得到延伸,进入"后城中村"时代。该"城中村"表现为没有地理实体的存在,而存在组织实体形成了具有"虚拟"特征的"空壳城中村"。像怀荣东大街村这种类型的"城中村"在北京数量非常多。怀柔区在城镇化过程中,为了统一规划城市,把位于怀柔镇中心的居民宅基地拆迁。各个村委会以及属于村委会股份企业,都临街而居,形成了一种新型城镇,原有的村落都已经不存在。居民和村委会联系的唯一纽带是电话。

　　娱乐方式有两种,一种是健身娱乐类,有秧歌、太极拳、踢毽子、拔河、风筝等传统体育项目;还有篮球、羽毛球、乒乓球、门球、广场舞、跑步、散步、轮滑等现代体育项目;还有农民运动会、综合运动会、单项竞赛活健身体育节,此外还有秧歌、广播操、跳绳、自行车健身骑行、家庭趣味运动会等,一种是休闲类娱乐类。有麻将、扑克、游戏、桑拿、KTV、读书、看电影电视、上网等。

5.2　"城中村"居民体育生活方式

　　依据马克思主义的基本原理,生产方式是人类社会赖以建立的基础和发展过程的起点,没有物质资料的生产,就谈不上人们的生活活动。但是,如果没有人类满足自身生存、享受、发展需要的生活活动即一定的生活方式,也就没有人类自身的生产和再生产,整个社会的发展也不可能。健康的生活方式是社会协调稳定发展的保障,促进人健康发展的基础。美国新版的《世界城市》一书定义:"都市化是一个过程,包括两个方面的

_____

① 东大街村村委会村长口述,这里的外来人口,是指在村委会办理暂住证的外来人口,以及在村集体股份企业上班外来打工者。

变化。其一是人口从'城中村'向城市运动,并在都市中从事非农业工作。其二是'城中村'生活方式向城市生活方式的转变,包括价值观、态度和行为等方面。第一方面强调人口的密度和经济职能,第二方面强调社会、心理和行为因素。实质上这两方面是互动的。"① 社会学家沃思于1938年发表论文《作为一种生活方式的城市性》,认为城市是由不同的异质个体组成的一个相对大的、相对稠密的且相对长久的居住地。他反对将人口比例作为衡量城市性的唯一标准的做法,即城市化不单单是以人口数量的多寡来衡量,更重要的是与生活方式的乡城变迁息息相关。中国的城市化具有不同于其他国家的城市化特色,中国都市人类学认为两种方式带来居民的终结:一是"城中村"包围城市的居民进城,二是包围"城中村"的城市圈地,带来的结果就是居民非农化和"城中村"城市化。中国居民进城的方式有三种:一种是农转工,一种是农转居,一种是个体主导型居民工。② 无论居民采取何种方式进入城市,都面临着一个共同的问题,就是生活方式的城市化融入问题。随着都市内容的变化,当今都市化的内涵化也延伸为两个方面的内容:其一是人口从乡村向都市运动,并在都市中从事非农业的工作。其二是乡村生活方式向都市生活方式的转变,这包括价值观、态度和行为等方面。"乡村只是一个城市社会的一些特殊方面,是城市空间的延续"。③ 从都市人类学的角度看,都市化并非简单地指越来越多的人居住在都市和城镇,而应该是指社会中都市与非都市地区之间的来往和相互联系日益增多的过程。④ 最重要的特征是都市文化和都市环境的多样性。随着乡村都市化而来的是城乡二元文化

---

① ByKen Adachi. The New World Order (NWO) AnOverview[Z]. Editor@ educate – yourself. org. Copyright 1997 –2012 Educate – Yourself. org All Rights Reserved.

② 向春玲,曾业松. 中国城市化战略:"十二五"中国特色城镇化道路(音像解读),2011年4月.

③ 阮西湖. 都市人类学[M]. 华夏出版社. 1991:14.

④ 阮西湖. 都市人类学[M]. 华夏出版社. 1991:14.

碰触、冲突和融合,从生产结构、生产方式、收入水平及结构、生活方式、思维观念无论是都市还是乡村都要重新整合。本研究所选取的四个样本,居民进城的两种方式都包括在内。四个"城中村",虽然城市化的历程不同,但居民都是从农村社会进入城市社会,从传统农业社会进入现代工业社会、信息社会,它包含着居民由农业活动向非农产业活动的转变,生活方式由农村单一性向城市生活的复杂性和多样性的转变,以及文化活动方式、思维方式、各种价值观念的转变和再社会化等。

生活方式的变迁。可分为物质层面的变迁、精神层面上变迁和制度层面上的变迁。不是说物质层面发生了变迁,人的精神层面就自然而然发生变迁,这还需要一定的制度保证,最终才能达到精神层面上的变迁。从农民到市民的转变,最大最难最深刻的莫过于精神层面的生活方式变迁,而体育生活就是属于精神层面上的生活方式。约瑟夫斯图特在《体育与国民性》指出:"要想对任何民族的性格做出公正的评判,就一定要调查在他们中通常最为流行的体育项目和消遣方式。……当我们跟随他们进入他们的休闲世界时,那里任何伪装都没有必要的,在那里我们最可能看到他们真正的状态,或许最好地对他们的最自然的取向做出判断。"[①]笔者在前文已经详细介绍了各村宏观环境。进入"城中村"时代的村庄,在城市化与现代化进程中,居民闲暇时间持续增多,闲暇活动的内容日益广泛和多元化,居民逐渐开始关注自己的健康水平,因此体育在居民的生活占有越来越重要的位置。体育活动内容以及参与的多样性,使得一些依托传统风俗习惯而存在的节俗体育难免会逐渐淡出人们的生活,同时也有一些传统的体育生活也得以存在延续,各村在新的时代背景下,逐渐形成了自己特色的体育方式。但所有体育的发展都是不平衡的,即使是在经济较发达的高碑店村和南宫村,居民对本地区所有的体育文

---

① Joseph Strutt . Sports and Pastimes of the People of Englang[M]. london:thomas tegg. 1838,02:45 – 47.

化设施和体育活动场地的满意度也较低。他们对"体育文化中心"的需求远远高于图书馆、医院、学校、养老院。而笔者在实际调查中,有的"城中村"这些设备一应俱全,而唯独没有公共体育服务设施。人的活动具有能动性、创造性的特点,作为体育活动的主体,虽然他们都处于社会变迁大的背景中,但由于他们所处的地理环境、文化传统、思想意识等多种因素不同,从而使他们休闲娱乐观和体育价值观存在一定的差距。不同的体育休闲观规定着一个人体育生活方式的选择方向、选择的内容和形式,最终形成全然不同的体育生活方式。本部分着重讲四个"城中村"的体育环境、居民体育生活与身份认同、不同群体体育生活方式和外来工体育等内容。

5.2.1 "城中村"体育环境

5.2.1.1"城中村"居民的体育的认知

体育锻炼是一种健康、文明、有益身心的活动,是不同于体力活动的一种自觉自愿快乐的健身娱乐方式。但是笔者在调查过程中发现,由于"城中村"居民的身份地位、受教育程度以及经济基础不一样,致使各个层次的人群对体育的认识存在一定的差异性。主要包括健身观、无聊观和享受观等三种体育观。

(1)体育强身健体观

"城中村"一般居民对于体育的认知还比较模糊,笔者在"城中村"采访时,经常问居民的三句话,虽然问的都是同一件事情,但是笔者得到的结果却完全不同。当笔者问居民"你参加体育活动吗"? 得到的答复是"不参加"。笔者再追问"你锻炼身体吗"? 得到的答复是"不锻炼"。笔者再追问"你都玩什么"? 得到的答案就丰富了。居民会告诉笔者很多他喜欢玩的内容,当然这里一定包含体育项目在内。比如踢毽子、跳舞、遛弯、散步、遛鸟、跑步,还有一些球类项目等,甚至有的居民还会回忆自己在学校上的体育课,以及他喜欢的体育项目。"城中村"居民普遍认为体育就是玩,对于体育能够增强身体健康的认知却比较模糊,反正是很多人都认为体育能促进健康,那一定就能促进健康,并且希望能参加体育活动来保障自己的健康。大部分居民都已经认识到了体育锻炼的重要性,但是居民普遍认为散步、遛弯即锻炼,无病就是健康。在促进健康的手段选择上,"城中村"居民更倾向于遛弯、散步、睡眠、饮食等基本生活方式。当然经常参加体育锻炼的居民,对于体育能够丰富日常的生活,能够加深居民之间的感情,提高生活质量的认知已经开始清晰。"城中村"居民锻炼项目以一些简单的项目为主,居民的锻炼时间为节假日。日常锻炼主要在早上和傍晚以后,锻炼人群沿着村子的马路、村子的胡同、住宅区的空地或者休闲文化广场以及附近的公园散步、遛弯、跑步、踢毽子、羽毛球、跳绳等。通常是居民听着音乐、聊着天的结伴锻炼。早晨以老年人居多,高碑店村居民更喜欢传统体育项目,比如抖空竹、抽鞭子、抽陀螺等。白天温度适宜的时候南宫村还有一些老年人骑着自行车锻炼身体。还会有孩子或年轻人打打羽毛球、乒乓球、篮球,或者到河里游泳、钓鱼等。

(2)体育无聊观

当然各村依然有一些人认为没有必要参加体育锻炼,而且这些人口,在村子总人口中依然占有相当大的比例。他们认为,"劳动就能锻炼"。通常这样的人群经济基础都比较薄弱,受教育程度也相对比较低。传统价值观念认为,当前"城中村"居民的主要问题是生活保障问题,在基本的生活需要还未解决时,谈不上休闲享受和发展需要的满足等,只有在基本生活需要得到满足以后,休闲、享受和发展的需要才会凸显出来。在这种传统价值观念的舆论导向下,很多"城中村"居民认为参加体育活动,对于他们来说,还是一件可望不可及的事情。甚至,有的居民认为和钱没关系的一切活动都是无聊,而且对村委会组织的各种体育活动,不参加、不过问。有的居民甚至很反感。

采访对象编号 A1,赵某某,男,年龄不详,小学毕业,职业:三轮车车主,采访地点:高碑店村车主的三轮车里,采访时间:2013 年 10 月 2 日。

　　"我是高碑店村民,没地了,现在靠开'摩的'过日子。干一天累了,晚上回家喝点酒,有点余钱,就去找他们打麻将,大多数时候都输钱,有时候也赢。不喜欢锻炼身体,我们周围的人也不参加什么体育活动,村子一切活动都和我们没关系,那有什么关系呢? 又不会多分给我们一些钱。不关心体育,不喜欢锻炼,命都顾不过来呢,还谈什么体育? 那有什么用? 我一天都够累的了,不比你锻炼身体还累? 还去锻炼身体,怎么可能呢? 你说没奖励,没钱,没事干瞎折腾自己,不是吃饱了撑的吗? 有时间多睡一会多好。"

　　这就说明"城中村"居民体育文化观念依然缺失。这种缺失,包含两个层面的含义:一是供给"城中村"居民公共体育休闲观的缺失,中国城市体育公共休闲,供给的对象主体主要是城市居民。客观上,"城中村"居民不但被有意或者无意地歧视,而且在城市的发展中,政府很少从公共管理的角度为其服务并满足其体育公共的需要。二是"城中村"居民本身休闲观的缺失,一部分"城中村"居民不太重视体育锻炼,甚至视体育为无聊的事情。由于观念的原因,造成他们的休闲方式也只是聊天、打牌、打麻将、上网、购物、进餐馆等,表现了其休闲的低层次。在中国城市中,"城中村"大部分居民基本上被挤出城市的中心地带(指城市居民日常生活的区域),其工作及生活空间与真正的城市空间是处于隔离状态,以至于他们大多依然保留着传统的农村生活休闲观,而对体育锻炼则是漠不关心。

　　(3)体育享受观

　　"城中村"中经常参加体育锻炼的部分年轻人,对于体育的认识已经不只限于强身健体的方面,他们希望通过体育活动的参与得到更多的精神享受。他们有更多的体育需求和渴望。例如,一些年轻人喜欢通过互联网、电视观看体育比赛,还有一些"城中村"的年轻人参加民间"体育草根组织"组织的比赛,通过比赛来发泄自己的情感。一次成功的射门,一个漂亮的投篮,随着快节奏的音乐跳健美操等,更重要的是给他们的一种精神与神经方面的释放感、愉快感、成就感和心情的舒畅感。他们认为，参加体育活动，有助于培养的自己性格和超越自我的品质，还有助于培养自己的竞争意识、协作精神和公平观念。

"城中村"有锻炼身体习惯的中年人，以追求休闲品质和树立健康理念为主，注重体育休闲的内涵及运动养生与健身价值，形成了稳定的体育休闲价值取向。特别偏爱散步、慢跑、自行车骑游、爬山、游泳、跳操跳舞等有氧运动和体能要求不高的运动，对一些能修身养性和愉悦身心的诸如棋牌、垂钓等体育项目也比较喜欢。

还有"城中村"一些事业有成、经济条件相对较好的人群，养成了一种良好的体育习惯和体育休闲行为，能够深刻理解体育运动休闲活动的内涵，掌握体育活动的休闲技能，充分享受体育休闲运动带来的乐趣。他们经常出入城市高档体育休闲场所，加入高档体育俱乐部，享受俱乐部提供的优美的环境和高品质的服务，比如高尔夫、保龄球、水上运动、雪上运动、赛车、网球等。兴趣也更持久，由于个人独特的偏好，经常从事某一项目的体育运动。

根据上述分析，我们发现"城中村"不同的群体，在社会态度、价值观念、时间结构、生理与心理需求等方面的差异性，导致不同群体体育观的差异。体育观的不同，最终导致不同群体选择体育的内容与锻炼身体方式存在一定差异。但目前，现阶段"增强体质"是我国"城中村"体育价值观念的主流。

5.2.1.2 "城中村"体育空间分布及使用情况

福柯（Foucault）认为20世纪标志着一个空间时代的到来，我们正处于一个同时性和并置性的时代，我们所经历和感觉的世界更可能是一个点与点之间的相互联结、团与团之间相互缠绕的风格。[①] "城中村"的不同体育空间分布以及居民对体育空间的选择，决定了居民体育方式的最

---

① Michael, Dear. The Postmodern Condition[M], Oxford：Blackwell. 2000：23 - 24.

终选择。

(1)公共体育场地、设施分布及使用情况

"城中村"的体育公共场所主要包括两个方面:一是生活区中的街道以及绿地,二是公共的文化休闲娱乐区。四个"城中村"体育空间分布情况如5-1表统计。

表5-1 各村体育公共场地、设施分布一览表

名称	体育空间	
	住宅生活区	公共休闲娱乐区
高碑店	棋牌室、老年人活动中心、文化活动中心、大众健身路径、乒乓球场地	兴隆公园、休闲广场、奥运广场、漕运广场大众健身路径
树村	棋牌室、老年活动中心、麻将馆	郊野公园、大众健身路径
南宫村	老年人活动中心、棋牌室、各个居民社区大众健身路径	体育公园、文化广场、露天舞厅、南宫苑公园、青龙湖公园、博览园
东大街村	街头绿地	滨湖万米健身体育公园

高碑店村体育公共娱乐的主要空间有三处大众健身路径:一处在村沿口通惠灌渠河畔的树林中,居民很少来光顾;一处在西村村委会楼后面,西村住宅区最南侧边上,居民很少到这里来健身,场地、设施被使用的频率非常低,大众健身路径成为居民休息歇脚的地方;一处在东村文化活动中心内,而文化活动中心从笔者住进这个村子开始就从没对外开放过,大门始终紧锁。还有两个棋牌室,东、西村各一个,有游戏厅三家都在东村、麻将馆三家在东村、台球厅三家,西村一家,东村两家。光顾游戏厅的主要是本地青年和外地青年,光顾棋牌室、麻将馆的主要是老年人或者妇女。大型的公共活动空间有民俗文化园、文化活动站、漕运奥运广场、文活动广场、通惠灌渠河畔、兴隆公园等。兴隆公园、住宅区空地、文活动广场、通惠灌渠河畔是居民锻炼身体的主要场所,每天早晚或者节假日,一

些居民聚集在这些地方,进行体育锻炼。民俗文化园、文化活动站、漕运奥运广场、主要是接待游客用地,当地居住民很少光顾。

树村体育公共娱乐的主要场所有树村郊野公园、小清河河畔、树村绿化带以及树村住宅区过道。大部分居民每天早上或者晚上以及节假日都会聚集在小清河河畔散步或者在树村绿化带空地活动。树村郊野公园因其地处偏僻而荒凉,偶尔会发生一些刑事案件。除了一些中老年人早上以及节假日在里面跳健身舞之外,很少有居民光顾这里。棋牌室三家、老年活动中心一处,多是中老年人光顾。

南宫村居民的体育公共娱乐的主要场所分两个区:住宅区及休闲区。住宅区:新苑 A 区、新苑 B 区、新苑 C 区、新苑 D 区、北宫村西、云岗新村村北、南宫路 8 号院、恒业职工公寓各一处大众健身路径。居民很少使用,大部分用于晾衣服和被子用。棋牌室和老年活动中心,在各小区都有,主要是老年人光顾。体育休闲场所主要有南宫苑公园、体育公园(十多块露天运动场地,免费开放,有足球、篮球、排球、沙排、网球、拓展)、休闲文化广场、青龙湖公园等。休闲文化广场是南宫村居民光顾频率最高的场所,附近的居民主要聚集在此地进行体育锻炼。锻炼时间一般都是早晚和节假日。距离广场比较远的居民很少有群聚锻炼身体的行为。南宫苑公园、体育公园、青龙湖公园等都设有免费的篮球场、水域、健身场地、极限运动场、大众健身路径、孩子游戏区等。但因距离居民生活区都比较远,加之交通不便很少有南宫村居民光顾。这些场所主要面向的群体是来南宫村度假的北京市区居民。

东大街居民的体育休闲场所主要在居住区、街区绿地和滨湖万米健身公园,公园里有 212 套健身器材。滨湖万米健身公园空间分布,主要分大众健身路径区、健康步道、公共休憩区、绿地区和水系区、文化广场、培训区等。其中大众健身路径分老年区、成年人区、青少年区和儿童区四个空间。东大街锻炼身体的居民主要活动场所都在滨湖万米健身公园。经常锻炼的老年人几乎每天都在公园里聚集。青少年主要在假期才来这里,儿童在周六日来这里集聚,而成年人则很少了,经村委会介绍,大东街成年居民大多都在北京市中心上班,由于工作的原因,很少锻炼身体。

笔者在调研的四个"城中村"中,都建有老年活动中心、棋牌室。而在这里聚集的人群最多,各个年龄段的人都有,下棋、打牌、打麻将、聊天、打赌、各不相同。各村棋牌室、老年活动中心、体育休闲文化广场、以及围绕居民区建设的公园、体育公园等场所,都是居民光顾频率最高、聚集居民最多的场所。同时这些场所也是居民信息相互传播的通道,这些地方不仅仅是居民体育休闲的场所,也是居民日常活动的区域,更是居民心理得到安慰的场所。但是参与体育锻炼的居民在各个村子基本上还是少数人,能参加体育锻炼的人群,多是老年人或是一些有闲、有钱、衣食无忧的居民。而大部分居民都因为疲于奔命,参与体育锻炼多是偶尔行为,甚至有的居民根本不参加体育锻炼。

(2)收费场地、设施的空间分布及使用情况

各"城中村"周围收费体育场地、设施,主要是指距离各村子半径在0.5公里以内的。而有的场地就在村子内部的居民住宅区。围绕高碑店村收费的体育场地、设施主要分布在居民住宅区和兴隆公园里以及兴隆公园附近,具体情况如表5-2。

表 5 - 2　高碑店村收费场地、设施一览表

名称	地理位置	简介	费用
美松高尔夫俱乐部	朝阳区高碑店兴隆西街 10 号	练习场草坪面积 5 万平方米。建有水池,绿地等,场地造型极为优美自然。全长 230 码,上下两层共 124 个打席。	1. 每人每小时费用 132.00 元 2. 团购价: 30.00 元
北京浩泰兴隆冰上运动中心	地处中华第一街长安街东延线上,北京市朝阳区兴隆公园内	北京浩泰冰上运动中心拥有国际标准的:冰球、花样、短道速滑比赛场地和先进的冰上运动附属设施,以冰球练习著称。	1. 每人每小时费用 150.00 元 2. 年卡 1199 元
兴隆公园灯光足球场	朝阳区高碑店乡兴隆庄兴隆公园南门	室外的赛道是标准的日本设计的车有 80cc、120cc、150cc。5 人制灯光足球场。	1. 赛道:每小时 50 - 150 元 2.5 人制灯光足球场 400 元/ 2 小时
赛纳威尔卡丁车俱乐部	朝阳区高碑店乡兴隆庄甲 8 号兴隆公园内	提供赛车娱乐和赛车竞技的场所及设备,是一座集体育运动、培训、竞赛、娱乐、餐饮一体的现代化的新型高档娱乐场所。	1. 团购:49 元 2. 每小时 100 元
浩沙健身(兴隆店)	朝阳区建国路 29 号兴隆公园内	操课内容有:瑜伽、普拉提、肚皮舞、拉丁舞等,跳跳出出汗很舒服(只是地方太小)	1. 年卡 1000 元 2. 半年卡 800 元 3. 季卡 500 元
泰拳艺术俱乐部	朝阳区高碑店乡高西店村 91 号	教授课程有:武术培训(八极拳、套路、散打、双截棍、泰拳道)、舞蹈培训(街舞、瑜伽、肚皮舞)、影视武术培训。	1000 ~ 10000 元不等
北京德武堂体育培训中心武术舞蹈	北京朝阳区高碑店新村西区 13 号楼 563 号	课程有:武术培训(八极拳、套路、散打、双截棍、泰拳道)舞蹈培训(街舞、瑜伽、肚皮舞)影视武术培训。	1000 ~ 10000 元不等

续表 5-2

名称	地理位置	简介	费用
台球厅3处	在西村一处、东村一两处	西村台球厅环境优雅、店内硬件设施齐全、东村设备陈旧。	每小时15元

上述收费场地,除了三个台球厅、两个武馆都在村子内部,因此当地居民参与体育培训的几率比较高,但大部分都是学生。其他场地距离高碑店村也不超过 0.5 公里,在高碑店村参加武馆、台球厅、冰上中心、足球场以及卡丁车俱乐部等项目培训的学生,通常都是一种经常性的习惯。而成年人,很少光顾收费场地。一部分本地青年人和外地青年人经常打台球。高碑店村租住商户,一部分人主要锻炼身体的场所是高尔夫球场、台球厅。还有一部分人是在武馆。北京第十七中学一部分教师经常参加俱乐部的健身培训。围绕树村收费的体育场地、设施主要分布在居民住宅区和郊野公园附近,如表5-3。

表 5-3   树村收费场地、设施一览表

名称	地理位置	简介	费用
台球厅	农大南路树村	6张台球案,标准水晶球。	每小时15元
趣相投台球厅	北树村试验站	8张台球案,标准水晶球。	每小时15元
东恒台球俱乐部	农大南路厢黄旗博雅西苑2号楼	12张斯诺克专业球台(AIM、BCE、Riley等),9张美式十六彩(鑫皇冠等),9张美式十六彩赛台(AIM),1张9球赛台(宾士域),6间棋牌室。	每小时20元
福静缘棋牌俱乐部	海淀区厢黄旗万树园36号	棋牌的种类也很全,围棋、象棋、军旗、麻将、扑克。	一个下午15-20元
通华会浪台球厅	海淀区农大南路方树园社区超市	12张斯诺克专业球台,9张美式十六彩。	每小时20元

名称	地理位置	简介	用费
圆酷台球俱乐部	海淀区信息路30号上地大厦B1楼	所有球桌均采用英国RILEY金奖台泥,比利时雅乐美金奖水晶球。	每小时20元
夜时尚台球俱乐部	海淀区信息路甲28号科实大厦C座	以桌上运动为主集娱乐、休闲、竞技、互动交友为一体的台球厅。	每小时56元
上地悠季瑜伽	海淀区信息路甲28号科实大厦B座	以正宗成熟的教学体系和实力强大的教学队伍著称。	1. 周卡1000元 2. 年卡5900元 3. 季卡2780元
星星谷台球厅	海淀区肖家河正黄旗100号	12张斯诺克专业球台,9张美式十六彩。	每小时20元
8号炫酷台球俱乐部	上地佳园36号	12张斯诺克专业球台,9张美式十六彩。	每小时28元
艺海博通高尔夫俱乐	树村中路	世界冠军高尔夫球队俱乐部设为指定培训基地。俱乐部共拥有50个打位。定制一对一专业教练课程。	1. 常规打球60元/100 粒/平时; 70 元/100 粒/节假日 2. 灯光打球70元/100 粒; 80元/100 粒/节假日 3. 真草练习30 元/30 分钟 4. 租杆费用20元/支; 120元/套。
台球厅(4处)	树村村内3处、树村路1处露天	一般都是6张美式十六彩、设备陈旧。	每小时8元

通过上表我们可以看到,围绕在树村周围的收费场地、设施主要是台

球厅和棋牌室。光顾的居民各个层次的都有,台球厅和棋牌室是使用率最高的场所,节假日经常都是人员爆满。瑜伽馆因为收费比较高,基本没人光顾。在树村经常光顾高尔夫练习场的群体主要是一些中关村上班的白领阶层。

南宫村收费的体育场地、设施,除了 CS① 场地位于在居民住宅区附近之外,其他体育空间场地的位置,都超出了居民住宅区 0.5 公里以外。具体情况如表 5 - 4。

表 5 - 4　南宫村收费场地、设施一览表

名称	地理位置	简介	费用
CS	丰台区南宫八一影视基地	企业团队拓展训练、北京真人 CS 战场模拟(激光真人 CS)、军事拓展训练、亲子活动和穿越等活动。真人 CS 基地教官 50 人,真人 CS 装备 300 套。	收费明细如下表 5 - 5
南宫苑公园	丰台区王佐镇南宫南路 1 号	南宫苑公园有儿童玩耍的游乐场、居民健身休闲的娱乐广场。	门票:10 元
温泉垂钓中心	丰台区王佐镇南宫村长青路 97 号	设有 5 个垂钓池,池里主要有青、草、鲤、鲶、鲅及花鲢等一般鱼种及鲈鱼、彩虹鲷、罗非等鱼种。	门票:79 元
青龙湖公园	丰台区王佐镇南宫生态景区	青龙湖公园,有占地 60 亩容纳 5000 人的露天沙滩浴场。泳池呈三级台阶状分浅、中、深三个水区,池水自上而下流动,形成三级迭水景观,游人可享受到海滨浴场的乐趣。水上娱乐还为您提供画舫、龙舟、摩托艇、儿童手划船。	门票:20 元每一个项目都单独结算

① 北京八一影视基地位于南宫村的八一拍摄基地,是目前全国唯一的多功能军事影视生产基地,它面积宽广,内设有西洋楼、按 1∶1 比例建的"北平第一监狱"、拍摄"卧虎藏龙"所用的四合院、古城楼、古战车等,还有各种不同时期元首所乘坐的轿车及拍摄所用的各种道具车辆,战争时期的陈设建筑亦十分齐全,能让用户有置身于上世纪硝烟弥漫之战场的感觉。

名称	地理位置	简介	费用
南宫体育公园	丰台区南宫温泉度假酒店西侧500米	高尔夫会所会所内一层的室内5人足球、羽毛球、篮球馆,地下一层设专业的多种大型器械健身房、形体、瑜伽健身房、跳操间、乒乓球、台球、桑拿等项目,高尔夫会所有双层高尔夫练习场,共有44个练习打位。	每个场地的单独结算。价格不等(收费明细如下表5-7)
		南宫体育公园有户外运动有标准足球场、5人足球场、网球场、篮球场、沙滩排球场、极限运动场和拓展培训区以及皮划艇等。拓展区分为3个不同高度的高架器械,可针对不同人群进行培训课程。	门票:10元每一个项目都单独结算。(收费明细如下表3-6)
南宫水世界	丰台区王佐乡南宫文化休闲广场西侧	南宫温泉水世界设有国际标准泳池、造浪池、戏水池、儿童嬉水乐园、温泉按摩池、飘流和大型戏水滑道;还有木板浴、健身区、桑拿等设施。能同时容纳1500人。	1.票价98元/人 2.折扣价60元/人 3.团购价55元/人 4.儿童49元/人
南宫温泉冰雪	地处丰台区的西南部,距北京市内25公里	总占60000平方米项目包括:闯关活动、趣味运动会、亲子雪雕DIY、雪地足球赛、雪上飞碟、成人冰滑梯、儿童冰滑梯、冰上碰碰车、雪上悠波球、冰上自行车、儿童充气城堡、小冰车等。	门票:200元

南宫村收费场地以及设施多是高档体育场所,而且都在南宫村村内,属于南宫村的体育产业。近几年来,南宫村以旅游业(主要是体育旅游)为龙头拉动第三产业和区域经济,将整合体育旅游资源、开发体育旅游资源、保护体育旅游资源统筹兼顾,以促进本地区经济发展。因此高档体育场所空间的使用,主要是来南宫村旅游的游客。南宫村一些有闲阶层的居民,经常光顾的高档的体育空间主要是CS场所、南宫村体育公园,而

其他居民则很少光顾这些场所。主要是因为,一来这些场所的费用太高,超出了一般居民的支付能力,二来这些空间距离南宫村居民生活区比较远,加上交通又不方便。CS 和南宫村体育公园经营的项目和收费明细如表 5 – 5、5 – 6 所示。

表 5 – 5　南宫村体育会所经营项目收费明细表

常规系列——娱乐版真人 CS 收费标准		
成人价格	100 元/半天/人	160 元/全天/人
学生价格	80 元/半天/人	150 元/全天/人
军人价格	80 元/半天/人	150 元/全天/人

适合学生、军人、团队等户外休闲娱乐活动、放松身心、锻炼身体。报价包含影视基地门票、场地使用费、整套激光装备、迷彩服、教练服务、3 小时游戏服务等。

常规系列——企业定制版(冬季)收费标准		
20 人以下团队	120 元/半天/人	180 元/全天/人
20 – 40 人团队	100 元/半天/人	160 元/全天/人
40 – 100 人团队	90 元/半天/人	150 元/全天/人

备注:团队 100 人以上与 40～100 人同价,适合公司/团队进行拓展、团队建设、体验户外生活、增进交流、放松身心、锻炼身体,报价包含影视基地门票、场地使用费、整套激光装备、迷彩服、教练服务、3 小时游戏服务、水、保险、照相、全程陪同服务等。

高端系列——专业版收费标准		
人数 20 人及以下	180 元/半天/人	280 元/全天/人
人数 20 – 70 人	160 元/半天/人	260 元/全天/人

备注:支持团队人数不超 70 人,适合公司/团队进行拓展、团队建设、体验户外生活、增进交流或者朋友间聚会、放松身心、锻炼身体,报价包含影视基地门票、场地使用费、高端整套激光装备、迷彩服、教练服务、3 小时游戏服务、水、保险、全程照相等。

其他主题产品		
企业培训	330 元/天/人	报价包含野战装备、培训器材、全程陪同、培训师、饮用水、高风险保险、培训评估报告、全程跟踪定制化服务费用。

战场模拟	400 元/天/人	报价包含:野战装备、模拟器材、全程陪同、战场模拟实施团队、饮用水、高风险保险、战场评估报告、全程跟踪定制化服务费用。
客户联谊	300 元/天/人	报价包含:野战装备、野战道具及奖品、客户公共关系任务、饮用水、高风险保险、全程跟踪定制化服务费用。

南宫村居民——娱乐版真人 CS 收费标准

成人价格	60 元/半天/人	120 元/全天/人
学生价格	50 元/半天/人	100 元/全天/人

报价包含:影视基地门票、场地使用费、整套激光装备、迷彩服、教练服务、3 小时游戏服务、晚餐等。

南宫体育公园 2008 年 10 月份建成开放,是一处以体育健身为主的综合性、多功能大型主题公园,主要由户外运动场地和高尔夫会所两部分构成。

表 5-6　南宫村体育会所经营项目收费明细表①

项目	其他时段(会员价和散客价)		黄金时段(会员价和散客价)	
体育公园门票	10 元/人	10 元/人	—	—
室外专业拓展训练	180 元/人/天	180 元/人/天	150	150
室外标准足球场(包场)	700 元/2 小时	1000 元/2 小时	550	800
室外 5 人制足球场(包场)	150 元/小时	240 元/小时	120	200
室外篮球(包场)	120 元/小时	200 元/小时	100	160
室外沙滩排球(包场)	80 元/小时	100 元/小时	65	80

① 散客凭体育公园门票,极限运动场地或室外篮球场地活动不限时。"黄金时段"指周一至周五 16:00~22:00,周末和法定节日全天,"其他时段"指周一至周五 08:00~16:00。

项目	其他时段(会员价和散客价)		黄金时段 (会员价和散客价)	
室外网球(包场)	60 元/小时	80 元/小时	50	65
室内 5 人制足球场(包场)	200 元/小时	300 元/小时	160	240
室内篮球(包场)	200 元/小时	300 元/小时	160	240
室内羽毛球(包场)	30 元/小时	50 元/小时	25	40
室内台球	30 元/小时	30 元/小时	20	25

高尔夫练习场收费明细如表 5 – 7 所示:①访客收费标准:练习场平日 80 元/筐球,假日 100 元/筐球。打位:20 元/个,租杆:20 元/杆,灯光:20 元/位,洗浴:20 元/位②会员卡目录。

表5 – 7　南宫村高尔夫练习场会员卡目录明细

卡类	价格(元)	有效期	使用内容
至尊卡	9800	1 年	个人记名卡:限本人使用,含名牌球具(3 木 9 铁 1 推 1 包)、专业教练课 10 节、免打位费、灯光费、洗浴费。
钻石卡	6000	1 年	不记名卡:可多人使用,含 35000 粒球、免打位费、灯光费、洗浴费,0.15 元/粒球。
白金卡	5880	1 年	不记名卡:可多人使用含名牌球具(3 木 9 铁 1 推 1 包)、专业教练课 5 节、免打位费、灯光费、洗浴费。
金卡	3800	1 年	个人记名卡:限本人使用,免打位费、灯光费、洗浴费。
银卡	3000	1 年	不记名卡:可多人使用,含 15000 粒球、免打位费、灯光费、洗浴费,0.20 元/粒球。

上述空间昂贵的收费标准,把大部分居民排斥在这些空间之外,普通居民到这种空间消费基本成为不可能。由于东大街村已经没有村落。因

此也没用围绕村落周围的收费体育空间,但怀柔区高档体育会所的使用,大约都是来怀柔旅游的游客,当地东大街居民很少去高级体育会所消费。

空间不仅是物理空间,也具有一定的社会属性①。社会变迁在"城中村"空间生产过程中留下了深刻的烙印。"城中村"具有村庄和城市双重特征,是城市化进程中未完成的城市化产物,因此"城中村"空间也表现出都市空间和村庄空间的双重特征。通过对上述对"城中村"体育空间分布的厘析。我们发现"城中村"居民体育活动的空间表现出一种空间分异。这种空间分异,在村落空间整体建构上分为自然空间、经济空间和社会空间;在居民的居住空间上表现为分层化,即有高档住宅区、中档住宅区和贫穷住宅区。城中村"体育空间分异,宏观上体现了社会关系结构方面的空间排斥。造成空间之间的限制、隔离、分割等现象。虽然"城中村"在人口上表现出过密化,但"居民"并未出现交往的过密化现象,甚至相反,出现了居民社会关系的疏离化,导致了居民和居民之间、居民和群体之间的交往心理空间增大。由于人与人交往的减少,"城中村"居民很难参加一些群体性的体育项目,如足球、篮球、羽毛球、兵乓球等。另一个方面"城中村"体育休闲公共空间景观化,免费社会性体育活动场所减少,营利性的增多,许多公共体育活动场所被私人承包,运动项目需要收费,导致居民体育运动成本增加,减弱了其体育锻炼功能,造成居民很难到体育公共空间进行体育锻炼,而这些空间,恰恰是"城中村"居民个体之间、群体之间、阶层之间日常重要的体育锻炼主要实体空间。还有一个原因是"城中村"整体规划不完善,也增加了居民参加体育锻炼的成本。"城中村"周围的公园、公共体育场所、绿地远离居民的住宅区,在空间距离上没有满足居民日益增加的体育娱乐与锻炼的需要。很多居民需要通过坐公交车、计程车或亲自驾车花费很多的时间才能到达公共体育活动

---

① Henry Lefebvre. The Production of Space, Malden: Blackwell Pub – lishing [M]. See Edward W Soja, Third Space. Oxford: Blackwell Pub – lishers, 1996:45 – 46.

场所,出于节约人力、物力、财力的考虑,大部分"城中村"居民宁可选择在家中待着、睡觉、上网、打麻将、打牌,也不愿意去锻炼身体。而与"城中村"居民生活最贴近的住宅区,公共体育活动空间又表现出严重不足,即使存在,也因组织制度缺失,没有发挥其应有的价值。

"城中村"体育空间除了宏观的结构性因素导致的体育空间隔离、分割和排斥以外,还有个体层面的因素也导致体育的空间排斥和分离,这种排斥包含了两个过程:主动的排斥和被动的排斥。一种是上层阶层的主动疏离。上层阶层,把特殊体育空间的占有看作一种地位身份及令他人艳羡与尊重的象征。也就是吉登斯所说的"精英反叛",因为他们拥有良好的经济实力,可以自由地根据个人偏好选择自己满意的体育空间,来享受体育和消费体育,他们通常基于共同的体育文化和爱好集聚在一起,主动隔离和远离普通人的健身场所。一种是被动排斥,这种排斥主要是底层群体,由于经济的低收入,使他们不得不生活在空间拥堵、公共体育空间匮乏的聚集区。资源占有的局限性使他们不能获得更多的体育空间,和周围居民一样平等享受体育娱乐。而"城中村"体育空间又具有村庄空间的特征,从而促使大部分居民休闲空间的选择,最终又回到了老年活动中心、棋牌室和麻将馆。这种特性,造成棋牌和麻将在"城中村"盛行。许多"城中村"居民依然保持原有农耕时代固有这传统休闲方式。"城中村"体育空间的这种分布特性,最终导致了"城中村"居民体育社会分层以及社会排斥现象。

5.2.1.3 "城中村"体育组织

(1)嵌入型组织

总体来说,四个"城中村"都没有设立体育专门机构管理居民的体育活动,各村的体育活动,都由村委会副主任兼职。体育组织嵌入在村委会某职能部门里,是一种半官方性的,与村委会行政部门在人、财、物以及办公场所等各方面都混为一体,从某种角度上讲,也可以说是村委会某服务部门的下属机构。各村嵌入型体育组织如表5-8所示。

表5-8 各村嵌入型体育组织

体育组织 村子名称	体育社会团体	社区健身组织
高碑店村	农民体育协会、老年体育协会、高跷会、民艺文体协会	威风锣鼓队、秧歌队、小车会队、舞蹈队、太极拳队、抖空竹队、抽陀螺队、中幡队
树村	农民体育协会	秧歌队
南宫村	农民体育协会、老龄协会	老年秧歌队、腰鼓队、木兰扇队、太极拳队、健身球队
东大街村	农民体育协会、毽球协会	无

笔者调查的四个"城中村"都把居民体育活动管理规划在村子体育公益服务部门。由该部门负责发展各种体育组织,这些组织包括体育社会团体和城乡基层社区健身组织;协调和组织开展村子各种类型的体育比赛;促进居民体育健身;进行体育公共设施的维修;向村子居民普及科学健身知识、传授体育技能、体育健身知识;动员居民参与体育锻炼;维护居民的体育权益等。"城中村"体育机构管理结构如图5-1。

村委会服务机构

公共服务 → 供水、电、气，交通与通讯基础设施，邮电与气象服务，科技推广、咨询服务以及政策性信贷，教育、科学普及、医疗卫生、社会保障以及环境保护，如公办教育、公办医疗、公办社会福利等。家庭纠纷，群体性事件，居民居住、流动人口证明等。

公益服务 → 志愿服务：培训以及安排村委会文体活动项目等。
文体服务：合唱团、各种体育团体、兴趣活动小组等。
设施服务：健身、市民学校、医疗保健等。

便民服务 → 法律咨询、心里自信、求助、办证、养老、衰嫁等。

体育服务

1. 成立、发展、扶持各种体育组织：比如高桥会、小车会、秧歌队、腰鼓队、锣鼓队、舞蹈队、健身队、农民体育协会、单项目体育协会等。
2. 组织各种体育比赛：比如体育节比赛、农民运动会、趣味运动会、社区运动会、老年运动会、各种单项体育比赛、以及社团比赛、庙会的各种体育比赛以及体育花会表演。
3. 传授体育技能、体育健身知识，动员居民参与体育锻炼，宣传体育健身运动的价值等。
4. 组织维修场地器材，提供体育活动经费支出。
5. 指导居民日常健身。

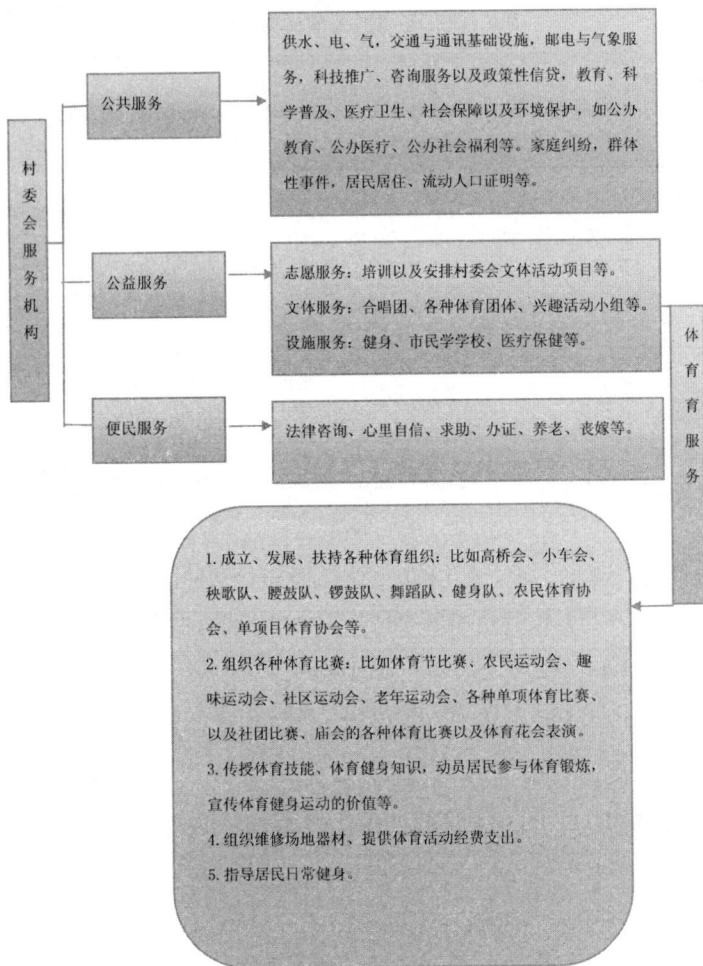

图5-1 "城中村"体育机构管理结构

　　"城中村"体育管理的社会团体，主要指农民体育协会，还包括各单项运动协会、行业体育协会和各类人群体育协会等社会组织。各村农民体育协会，属于政府非体育专门管理系统，业务上受体育局的领导，是目前开展"城中村"体育活动的主要组织和执行机构。乡镇和村两级部门是沟通各级"城中村"体育领导机构和居民的单一纽带，担负着"城中村"

体育发展的主要使命,"城中村"体育发展的好坏与它们的工作力度息息相关。北京乡镇一般每年都有全民运动会。四个"城中村"的村委会也都组织村子居民参加自己村子所在乡镇的全民运动会。运动会的内容,一般包括拔河比赛和田径趣味竞赛。一些"城中村"中由于体育组织具有比较浓的行政色彩,使各村子体育组织,通常都为村委会负责,每到村子大型节日来临的时候,体育组织都要组织会员进行训练、排演,参加村子的大型节日表演。高碑店村和南宫村的这种活动最多。每到大型的体育表演或者参加体育比赛的时候,无论是什么体育社团或者健身组织,总是能看到熟悉的身影。原因是体育组织有来自村委会的一定经费支持,以及来自上一级体育总局或者其他渠道的经费支持。凡是能进入体育组织的人,除了锻炼身体之外,还能得到一份收入,一些会员会把参加体育社团或者健身组织训练以及排演当成一种赚钱手段。在这种情况下,很多居民参加体育组织活动被排斥在外,同时也造成了许多居民对村委会组织的各种体育比赛比较反感,甚至漠不关心。而村委会发展体育社团或者成立健身组织目的是为了完成上面的任务,而不是真心发展居民体育运动,至于居民参加不参加体育活动,村委会通常不关心。

"城中村"体育组织有义务向居民普及体育健身知识,动员其参与体育锻炼。但从调查情况来看,各村体育组织多是通过板报进行象征性的宣传,有的村里板报可能两三年都不会换一次。居民了解体育的途径主要是通过电视以及周围的人群,通过政府或者是村委会宣传获取的体育健身相关知识却少之又少。

(2)民间体育组织

另一种"城中村"的体育组织就是民间草根体育组织。这些组织主要是指各种各样的群众性体育团体,如武术俱乐部、篮球俱乐部、羽毛球俱乐部、晨晚练点、锻炼小组等。这些民间体育组织活跃在"城中村"体育文化生活的各个方面,他们往往由一些具有共同爱好的青年或者是民间精英组织而建立起来的,是"城中村"基层体育向城市延伸的一种体育组织。一般某一个俱乐部的成员里，只有一两个成员是当地"城中村"居民，而其他成员则是其他"城中村"居民或者是城市居民。他们体育锻炼的地点或者比赛地点也是流动的。有的在"城中村"内的场地，有的在"城中村"之外的场地，场地的选择延伸到城市的各个角落。这种"城中村"草根民间体育组织多没有进行相应的登记注册。比如在北京高碑店村附近的兴隆公园的晨练点，跳广场舞的组织有四个，他们大多都是自发行为。广场舞的地点都选择在兴隆公园的湖畔，参加锻炼身体的有来自居住在兴隆公园附近的各个社区的居民，也包括高碑店居民。参加这种组织的体育锻炼，前三个月是免费的，三个月以后，有人负责专门教刚刚进入的会员各种广场舞，直到学会所有的广场舞为止。学会了以后，如果继续在这个组织锻炼身体，每一个月要向组织交 100 元的费用，一般交给领操的人，当然会员也可以随时离开，不受任何约束。这种组织经常被一些机构请去参加商业表演。还有一种像树村的"××篮球俱乐部①"，该组织成立了 14 年。经常参加 BBL② 限高娱乐篮球联盟竞赛，是一种自娱自乐行为，会员除了有树村的居民外，还有居住在北京其他"城中村"的成员，比如回龙观等地，还有市区的居民。会员有 30 多人，曾经代表东城区打北京城市篮球比赛，代表北京市林业局打行业篮球比赛，他们大多是居住在北京"城中村"的外地青年人。锻炼场地不确定，有时候他们会来北京体育大学篮球场练习球技，参加 BBL 限高娱乐篮球联盟竞赛的场地也是自己预约，参加比赛的费用，都是 AA 制。一场比赛下来，每个人的费用大约是 100 元左右。"城中村"的这种草根组织，虽然不多，但正在渐渐兴起，逐渐成为"城中村"体育的发展的重要组织。是"城中村"居民的体育活动向城市延伸的桥梁，同时也是促进"城中村"居民社会融入最

---

① 为了保护研究对象的隐私，本研究用"××"来代替该组织的真实名称。

② BBL 是 2008 年成立的限高娱乐篮球联盟，致力于通过限高娱乐篮球联赛让篮球运动摆脱身高压倒一切的尴尬局面，倡导一种"娱乐篮球"的新理念，让每位篮球爱好者体验篮球比赛的快乐与精彩。

好的方式,笔者在调研过程中,发现这些组织成员基本上都市民化了,只不过是居住在"城中村"而已。

(3)体育培训机构

在"城中村"内,还有一种以盈利为目的的健身俱乐部,武术培训机构,体育商业会所等。关于这部分,笔者在"城中村"体育空间分布中已经详细论述,在这里就不再一一介绍。这些以营利为目的的体育组织满足了"城中村"经济地位和社会地位比较好的居民的体育消费需求。也有一些收费不是很高的俱乐部,满足了"城中村"普通居民的体育消费需求。这样的体育组织也是"城中村"居民对外交流的桥梁,因为体育组织的会员来自城市的各行各业的人。

5.2.1.4 "城中村"体育经费投入

"城中村"体育活动离不开经费的支持。通常各个村子体育活动的经费来自村委会或者是乡镇的资助。村里的体育大众健身路径建设来自两个渠道的投资:一是中央通过下拨经费到北京市政府、各级地方政府及村委会进行相应的财政补贴。另一个渠道是北京市体育局及各区(县)体育局体育彩票公益金。各村子的嵌入型组织经费来源主要是村委会、乡镇政府、上一级体育局和其上级相应的体育协会组织。"城中村"村委会只为完成上级指定的体育活动进行经费资助,而其他体育活动的经费资助,仅仅是象征性的,甚至没用,根本不能满足"城中村"居民日益增加的体育的需求。

总之,目前北京市"城中村"体育经费的主要来源是村财政开支、民间融资、政府拨款。高碑店村因发展民俗体育产业,依托各民俗节日的体育表演项目,村委会都有固定拨款。而高碑店村高跷会的经费除了村委会财政和上级部门的支持外,还有来自于北京非物质文化遗产机构、民族宗教委员会以及民间爱好高跷的有志人士的资助。东大街村和树村财政的体育经费预算非常少,除了能支付乡镇举办的农民运动会费用之外,其他体育投入几乎为零。南宫村的体育经费多用于村子涉外体育活动的参与上,而居民日常体育活动经费支持也非常少。村财政开支和民间融资毕竟具有不确定性,"城中村"体育离不开政府部门的扶持,一些体育基础设施建设更需要政府的投入。

5.2.2 "城中村"居民的体育活动

5.2.2.1"城中村"当地居民的体育活动

在调查的"城中村"中,各村子民俗节日依然惯用农历。本节所介绍的民俗体育活动,主要以高碑店村为例,其他各村只介绍一下各寺庙的一些基本情况、节日活动以及当地居民到邻村参与庙会的情况。因为其他三个村虽然各有寺庙,但是礼拜、祭祀、参与民俗体育花会表演基本都是个人行为,少有村委会统一组织。四个"城中村"均有寺庙,庙里供奉不同的神仙。有的村子甚至有多个寺庙。有一些现代体育项目的比赛也有依托寺庙而进行。另一个方面有关各村的涉外体育活动比赛、村内体育运动会或者体育节日则以阳历日计日。因为各村中的传统节日和现代节日所进行的体育活动不一样,为了便于理解,笔者从民俗节日和现代体育节日两个方面分别进行厘析各村中的体育活动。

（1）民俗与体育

①各村庙概括

表5－9　各村庙(寺)名称及其主供神①②③④

村名	高碑店	树村	南宫村	东大街村
村庙名称	龙王庙、将军庙娘娘庙、鲁班祠	大寺庙清真寺	老爷庙	五道庙红螺寺
主供神	龙王、关羽、鲁班	山圣母穆罕默德	三清祖师	东岳大帝弥勒佛

　　高碑店的龙王庙坐落在漕运文化广场惠通河边,龙王庙北侧的湖心岛上复建的将军庙供奉的是三国时期的猛将关羽,是一座在遗址上重建的清代建筑。龙王庙占地588平方米,共分24间,是一座明代建筑。在庙宇遗址上进行复建时,项目施工队使用了古建筑用砖,进行磨砖对缝。笔者进入这个村子之前,首先走进了龙王庙,对龙王拜了三拜,道长敲了三次钵,声音浑厚。道长说农历的二月初二,高碑店村有庙会,庙会上会有大型祈福活动和民俗体育花会表演。道长告诉笔者,在高碑店村春节、元宵节、二月二龙抬头、五月节、中元节、中秋节、小年都有庙会。传说庙里终年香火不断,村里的农事、节庆、大事都要向龙王进香祈福。从元至

----

① 高碑店娘娘庙已变成了学校,但是依托娘娘庙而进行的高碑店村五月节庙会到2013年已经举行九届了,每次仪式开始都是在娘娘庙原址举行。

② 红螺寺不是东大街村寺庙,但是红螺寺庙会是怀柔区政府组织的,非常聚集民气。红螺寺位于东大街村北4公里,距离和交通的方便,使东大街村居民,在红螺寺庙会的8天时间里,基本上人均都会赶一次庙会,因此本研究把红螺寺做为东大街居民参与信仰的寺庙。

③ 2011年7月13日上午,坐落在高碑店村古典家具街上的"鲁班祠",隆重举办了纪念鲁班诞辰2518周年活动。参加此次活动的有高碑店村全体总支委员、古典家具行业协会全体会员、居民以及慕名而来的香客,高碑店村威风锣鼓队现场助兴。

④ 五道庙最早位于东大街村,现在庙已经不存了,在原址上立一块石碑,碑文记录了五道庙的发展历史。

明代,村内陆续建起颇具规模的通惠河龙王庙(后称通惠河神祠)、娘娘庙、将军庙、朝阳庵、五圣祠、什方院等,尤以龙王神祠、娘娘庙、将军庙著名。这些庙祠的建年、地址、占地、房产、神像、器物等,均在《北平第一次寺庙总登记(1936年)》档案中有详细记述。

高碑店"鲁班祠"是应400余名古典家具商户的意愿,经过一年的建设,于2008年10月建成。"鲁班祠",不仅是弘扬传统文化的公益场所,更是一种对中国传统文化先哲思想的膜拜、继承和延续。而且对木材加工行业的发展具有深远的现实意义,对高碑店古典家具特色产业的健康发展起到了重要的推动作用,使这条商业街真正焕发出了行业特色。目前,"鲁班祠"已成为古典家具商户尊师爱祖、交流技艺的一大活动场所。

树村。在树村西南有一座清真寺,始建于清雍正年间。历史上树村清真寺屡经修缮,明确记载的有3次。清同治年间的修缮由"马太监助银三百两",昌平、门头沟、宣化等地教亲捐助完成。1921年,安定门外外馆沈乡老捐资修缮。文化大革命中,该寺遭到破坏,1984年经海淀公社拨款修整,于1985年初恢复礼拜活动。1997年寺门改朝西向,位于大殿西南侧。而后1990至2000年间,该寺曾多次修缮,寺内宗教活动设施逐步完善。第三次大规模修缮在2009年末至2011年12月间,树村清真寺获得各级政府支持。在北京市海淀区伊协的支持与协助下,院内东侧添盖穆斯林服务楼,并整理了树村清真寺寺志。寺庙曾多次组织树村回族居民或者其他回民参加各种类型的比赛,最著名的是棋牌比赛,对树村体育的发展起到了积极促进作用。

南宫老爷庙(又称关帝庙)始建于清朝初期,距今约300年历史,老爷庙历尽沧桑,由于年久失修,破烂不堪。为恢复该庙原貌,保护文物古迹,1999年和2003年经两次修缮再现了其历史原貌,现为区级文物保护单位。《重修老爷庙碑记》记载南宫村自筹资金308万元。根据北京市丰台区文化委员会报导,实际2003年8月市文物局投资60万元,丰台区自筹资金74万元,共同修缮这座老爷庙。

老爷庙位于丰台区南宫村新苑小区 B 区南门西侧,紧靠长青路。庙座北朝南,分三进,清代建筑。实际应叫北宫南庙,因为距此庙北面偏西约 200 米左右还有一座北庙。据《宛署杂记》中描述,"十二日耍戒坛,冠盖相望,绮丽夺目,以至终行之处,一遇山坳水曲,必有茶棚酒肆,杂以妓乐,绿树红裙,人生笙歌,如装如应,从远望之,宛然如图云"。戒台寺庙会有着众多的香会,这些香会每当路过老爷庙,必定先要在庙门吹打热闹一番,为之进香献艺,在进入庙内膜拜。据老人回忆,这些香会中,有开路会、吉祥会(音乐演奏)、参驾烧香会(号佛会)、五虎会、高跷会、大师会、旱船、地秧歌、太平鼓、霸王鞭、腰鼓等。这些香会,有些是附近村落的,有的则是井子内(城内)来的,他们有着严格的组织纪律。当地居民回忆,每档香会都有各自的"会头",系由会员公选而出。这些香会中,最有代表性的是秧歌会。附近的怪村、南宫村、北宫村、后甫营、沙锅村都设有秧歌会,每年戒台寺庙会期间,他们与前来进香的其他香会一道,往戒台寺朝山进香献艺。

怀柔城城内唯一的一座五道庙的位于东大街村。1949 年以前,在会馆胡同北口、府前街上有一座仅一间房的五道庙,它占据府前街近一半的宽度。五道庙的出现应早于怀柔城,因为建城后不可能在新划定的府前街上建五道庙。[①] 古称"天齐庙",亦称"东岳庙"[②],现在称"文庙"。庙会期间,有两河的高跷、小车会,年丰的高跷、小车会、少林会,张各庄的狮子和高跷。尤以县城四街、两关和下元的花会"当儿"最多,有高跷、竹马、吵子、狮子、小车。由成贤街(今府东一条)到署门前表演一番,由盐店胡同进入前街。凡商店都要停在该商店前表演一番。旧时的高跷腿子比较高,脚踏板以下 2 尺 8 寸(80 公分)。庙会最热闹的是少林会。其中有舞

---

① 村民刘贤学口述整理,采访时间:2013 年 6 月 35 日,采访地点:怀柔区某茶馆。
② 村民田正普口述整理,关于怀荣东大街村的五道庙笔者并没有找到相关文献的记载,有关寺庙的名称是如何变迁的已经无法考证。

叉的,有耍坛子的,有练五虎棍的,有使刀枪的。他们各显神通,让观众看得眼花缭乱。舞叉也称耍飞叉,由十人组成,每人一把钢叉,叉头是活的,可以转动,拴上铃铛,转动时发出"哗啷啷"的响声。现如今因寺庙已经被拆,东大街村居民大都去红螺寺赶庙会。

②民俗体育活动

以年为周期"城中村"民俗体育活动一览表,如表5-10所示。

表5-10 民俗体育活动一览表

传统节日	民众体育行为模式
一月初至初七 (春节)	高碑店村漕运庙会:尤其到了每年春节的漕运庙会,焚香祭天、击鼓奏乐等传统活动,是远近闻名的胜景。另有高跷会、小车会、抖空竹、抽陀螺、中幡、舞龙舞狮、扭秧歌以及威风锣鼓表演。
一月十五 (元宵节)	漕运庙会:高碑店村自2006年开始举行元宵灯会活动,一直坚持到现在。东西村有百人腰鼓和威风锣鼓、赏花灯、评花灯、猜灯谜。
二月初二 (龙抬头)	漕运庙会:高碑店村龙抬头节日有祭祀祈福仪式,向龙王庙里的漕运龙王祭拜,祈求风调雨顺。庙会中有开路威风锣鼓、舞龙舞狮、高跷会等民俗体育花会。
五月初五 (端午节)	娘娘庙会:庙会中有开路、五虎棍、秧歌(高跷会)、中幡、狮子、双石头、石锁、杠子、花坛、杠箱、天平、吵子、胯鼓民俗体育花会、天桥绝技、风筝大赛等。南宫村村文化节有舞龙舞狮表演,两年一次。
十二月二十三 (小年)	体育花会走街:高碑店村的高跷老会、小飞龙、小车会、腰鼓表演,崔各庄乡舞龙队、舞狮队,东坝乡的开路圣会,孙河乡雷桥村天平圣会等。

以上民俗,都离不开漕运庙会。在高碑店老人记忆中,漕运庙会成为村里人最盛大的事情。当时天桥的许多艺人也上这儿来赶庙会。新中国成立之初,漕运庙会还举办过几届。现代高碑店村漕运庙会除了春节和端午节有之外,其他重要节日也都有,虽然每一个节日庙会的仪式和程序不一样,但每次庙会中最重要的一项活动就是体育花会表演,当开路、高跷、舞龙、舞狮、中幡、小车会等体育花会队伍进香拜庙、走街表表演时,沿街各户居民在门口摆设茶桌,迎接走街的花会表演队伍。体育花会表演也是庙会中最具人气的项目。北京市居民,甚至外地人以及外国人,都因体育花会表演,慕名而来赶庙会,体育花会表演现场都是人山人海,人头

攒动,热闹非凡。现代庙会除了有传统的体育花会表演项目外,还有各种投篮比赛、踢足球进门比赛、电子枪射击、投飞镖等现代体育游戏活动,以及一些街头篮球秀、街舞等现代体育项目表演。而端午节庙会还多了一项趣味运动会,主要项目有拔河、踢毽、托球跑等。"城中村"的节俗离不开庙会,庙会离不开体育。树村、南宫村和大东街村虽然本村已经没有庙会,但是赶庙会依然是各村居民最重要的一项活动,基本每一个居民一年都会赶一次庙会,庙会对于"城中村"的居民来说,具有不可替代的心理归属作用。这个时候也是"城中村"居民最幸福的时刻,也只有在庙会,"城中村"居民才能如所有赶庙会的其他人一样平等地欣赏体育活动、参与体育活动。

高碑店"鲁班祠"已成为高碑店村古典家具商户尊师爱祖、纪念先哲、交流技艺的一大活动场所。在各种交流会上,高碑店村的体育花会表演都是一项必不可少的项目。民间企业会议典礼让民俗体育有了另一个生存的舞台。

（3）现代体育节日

如表 5－11 所示。

表 5－11 按照阳历时间"城中村"体育节日运动会一览表

			体育节日		
时间	村名	节日名称	参赛情况	地点	
6－7月	高碑店	朝阳区老年文化体育节	高碑店村老年人参加广场舞比赛	高碑店漕运文化广场	
6－8月	树村	海淀乡农民艺术节	开幕式有舞龙舞狮、威风锣鼓。树村健身秧歌队参加表演	海淀镇文化广场	
6－8月	南宫村	风筝节	南宫村居民参加斗风筝比赛	南宫村郊野	
		文化节	文化节有棋牌比赛	南宫村文化站	

		乡、镇全民运动会		
时间	村名	比赛内容	参加项目	
6月	高碑店	个人项目：50米"起立卧倒"跑、一分钟踢毽、沙包掷准、30米托球折返跑集体项目：三分钟集体跳绳、齐心协力	每个项目都参加	
6月	树村	个人项目：乒乓球、棋牌 集体项目：拔河、集体跳绳、扭秧歌	棋牌、扭秧歌、拔河	
12月	南宫村	个人项目：乒乓球、棋牌、托球泡 集体项目：拔河、集体跳绳、扭秧歌	拔河	
6月	东大街	个人项目：乒乓球、棋牌 集体项目：拔河、集体跳绳、扭秧歌	拔河、踢毽子	

		趣味运动会		
时间	村名	比赛内容	情况说明	
6月	高碑店	拔河、踢毽、托球跑、抖空竹、抽陀螺	往年是高碑店村运动会，2013年与漕运庙会合在一起，村运动会成为高碑店村端午节漕运庙会的一部分	
4－5月	树村	扭秧歌、健身操、拔河	树村村运动会，通常根据天气情况而定，比赛期间如果天气下雨，比赛就会取消	
4－5月	南宫村	风筝、乒乓球、棋牌	南宫村企业退休老年人体育运动会	
4－5月	东大街	踢毽子、跳绳、拔河	东大街村运动会，拔河和踢毽子是东大街村民的特长	

		其他类型的运动会	
时间	村名	比赛名称	情况介绍
3月		广场舞	高碑店乡文体办，比赛地点兴隆公园的广场，碑店村东西社区两个的队伍参加比赛
7月	高碑店	龙舟赛	高碑店乡，社区部门参加，企业的人参加
7月		健身秧歌	北京市体育局、北京市体育基金会、朝阳区体育局、朝阳区高碑店地区办事处主办，高碑店村委会承办，北京睿智翔云广告有限公司协办，比赛地点在高碑店村漕运文化广场，高碑店西社区参加

　　"城中村"按照现代日历而进行的比赛虽然种类越来越多,但是受众群体却不是很多,通常各村子的涉外体育比赛,总是那些体育团队参加,有的村子甚至外请他人代替居民参加体育比赛,笔者在走访中,大多数居民只知道村运动会,而对于村子参加的一切涉外体育活动毫不知情,有的居民即使知道,也是一种漠不关心的态度,有一部分有见识的居民对于村委会参加涉外体育活动表示不满,甚至厌恶。

　　采访对象介绍:A5,高碑店居民,女,45 岁,农转非,采访地点,高碑店路上,边走边谈。

　　"不知道啊,没听谁说过参加乡里的运动会,不知道,你去那边问一问吧,我是没听说过,你找锻炼身体的啊? 他们都在那边,就在大屏幕那边,要有就有了,没有就没有了。我不锻炼身体,偶尔到大屏幕那边遛弯、散步、坐一坐。高跷啊,有玩的,就是逢年过节的,才能看见他们,是啊,我们村子的人都喜欢逛庙会的,这不热闹嘛?"

　　采访对象介绍:A6,高碑店居民,男,40 岁,农转非,采访地点,高碑店路边三轮车上,边走边谈。

　　"那种比赛和我有关系吗? 搞比赛就把人的健康弄上去了吗? 都是他们那帮子人搞的,我从来不参加村子里组织的各种体育活动,参加给我钱吗? 那帮子人蹦蹦跳跳的不都是为了钱吗? 你说我们那个村子运动会吧,没人去,村委会就说,谁参加给谁钱,还发衣服和鞋,一帮子人就去了,拔河完了,就能得到一套衣服和鞋,以前村子还有扭大秧歌什么的,现在都没有了,就到那个大屏幕那里,离村子也远,累一天了,还去那么远蹦跶什么啊?"

　　其中一个村长这样告诉笔者:"体育,你说谁不知道锻炼身体好? 你看看,这一号子的人,不要吃饭吗? 到时候集体经济搞不上去,我拿什么给他们分红? 比赛,就是找一帮爱玩的人,比一比就行了,这不是上面有要求吗? 你太学生气了,你告诉我如何搞法? 有钱吗? 他们以前除了会种地,什么都不会,你让他们打篮球吗? 以前从来没接触过篮球,他会吗?

还有比赛,我不请人,我怎么办?以前大家晚上凑在大队大院里,敲锣打鼓,扭扭秧歌,挺好的,现在谁还有着心思去干这些?即使有,不也没地方了吗?这不土地都被国家征走了吗?有那么帮子好玩的,抖空竹、打太极、扭秧歌的,那不也没人管,他们不也去玩吗?那不好这个的,你提供再好的场地,他也不去。我说的都是实在的。"

"城中村"依托现代节日而进行的各种体育活动,多是上级政府部门的要求。而一些"城中村"村干部认为不符合当地的基本情况,一些居民认为这种类型的体育比赛都和自己没关系。大部分居民对村子的庙会、扭秧歌、高跷等依然念念不忘。

（2）"城中村"不同社会阶层体育的选择

虽然"城中村"各个阶层的居民参与体育活动的人群,在"城中村"占的人口比例还不是很大,不同阶层参与体育的活动的内容和方式也不同,但每一个层次的居民都有参与体育活动的行为,并对体育锻炼有自己的认知和理解。下面是一组对"城中村"居民参与体育活动的采访资料。

采访对象介绍:A2,赵××,高碑店居民,男,56岁,农转非,采访地点,高碑店路边三轮车上,边走边谈。

"我养鸽子没几年,就自己玩。到时候还有人给钱。就是信鸽协会的,我替信鸽协会养,他们给那个（会费）的。他们会拿着我的鸽子去参加比赛,有秋季、冬季两场比赛。我和他们签约了。自己养着玩呗。我们村的人都经常自己玩,大家一起玩也少,该上班的上班,有工作还得干。周六周日他们打麻将居多。我住在兴隆家园也归村委会管,2000年就农转非了。每天早晨起来去兴隆公园晨练、散步、遛弯、有时候在公园抖空竹。"

采访对象介绍:李××,B13,树村外来居民,男,27岁,农民,配货工,高中文化,采访地点,树村。

"树村的当地人就是房东,和我们居住在一起,一家房东有好几百间房子不等,他们不工作,他们的收入主要是房租。有的一年房租能收到上百万。他们早上经常去附近遛弯,四十多岁的女人经常去对面的郊野公园门口,扭大秧歌、跳跳健身操什么的。有的一些年轻人在公司上班,不跟房东在一起,也不在树村住。有一些年轻人就住在树村,也没工作,就在村子里闲逛。绿园小学、肖家河小学、幼儿园正白旗公寓门口有一个,其他地方也有,在上地那边或者海淀区的其他学校。树村当地居民的孩子上的都是公办学校,外地的只有上初中了才去公办学校。现在都读书,没考过上大学的树村当地青年都住在树村,闲逛,有时候他们一帮子回到对面体育大学打篮球,有时候也去农大"。

采访对象介绍:C1,王××,南宫村居民,女,56岁,无业,小学文化,农转非,采访地点,南宫村文化广场。

"就是经常打CS,好比是十个人,最起码十个人,因为你打五个人,或者被打也是五个人,太少了也不行。现在我们家就进了三十多把仿真枪。我们家有俩大厂房,拍电影的在我们家拍,一个月也有好几万块钱,就拿这钱去玩,就组织些人打CS,组织人也不收钱。现在这年头,不娱乐,也没机会了,我们都五六十岁了。我们俩儿子都支持我们,该跳舞就跳舞去,什么都可以,他们什么都不管。弄这个CS厂子是我大儿子弄的,原来老二在城里上班,挣三千多块钱,还不够花的。大儿子就让回来帮着他弄CS厂子。你看就在这附近,走过去就是了。我一喊咱们打CS去,一帮人就聚集过来了,够十个我就去打,我儿子给我们优惠,中午还管饭。我们经常跳舞、钓鱼、打CS。早上起来我们七点就开始活动,扭大秧歌,现在我们学这个踢踏。下午没事我们就玩会儿牌。"

采访对象介绍:C2,孙××,南宫村居民,女,48岁,无业,没上过学,农转非,采访地点,南宫村文化广场。

"我没读过书,一个字也不认识。在家哄孩子呢。平时出来玩玩,跳跳舞,然后健健身,钓钓鱼,也扭大秧歌。村子没规划之前,我就是种地、干活。种完地之后就回家休息了,没什么娱乐活动,就是带孩子。我住的离这不太远,就在附近这片。我们村都是分散小区住,你看那大秧歌扭的,很带劲。爱活动,我们俩没认得几天。挺好,也开心。"

采访对象介绍:C3,刘××,南宫村居民,女,50 岁,无业,小学文化,农转非,采访地点,南宫村文化广场。

"她儿子脑瓜子好使,打 CS 花钱,有时候我们就跟着她去打 CS,她儿子教我们。我刚才扭大秧歌扭得很开心,音乐一起来就扭,扭大秧歌谁都会扭,我们这儿的人都会扭。跳舞,我们都学四步、三步。现在天天玩。原来我们做老人保健操。就是这样的,这样敲。就是来回做,各种各样,从头一直敲到脚。我能轮玩悠悠球,打太极球,挺有意思的,太极球好多人玩。"

采访对象介绍:D1,刘××,东大街村居民,男,50 岁,无业,小学文化,农转非,采访地点,村委会楼下。

"我们的村子早了,没有怀柔县时就有。东大街,我们叫东大街村。我们很小的时候是打滴溜、游泳。原来有那个河,现在咱这地下 40 多米没有水,抽不上水了。我 1982 年落户过来的。以前村民就靠身体劳动来,就算是活动自己的身体了? 劳动、种麦子、种稻子。都转非了,转老,转小,转工,是这样的。女同志打麻将。我们都是在公园,区里面修了几个公园,他们都在那跳舞、踢毽、跑步、散步、遛弯什么的,四十多、五十多岁的也有。现在是没有大的企业,就是说用人的企业,现在好多年轻人应该说有一半,或者更多一点在都市里。他们周末回来,很累,都休息,睡觉,很少锻炼身体的。北京怀柔现在的孩子都读书,基本上最差的也是职校。我们镇里面组织运动会。田径、乒乓球,各种各样的。我们村参加拔河、踢毽子。"

下表详细分析了"城中村"不同阶层的群体,参与体育活动的情况。如表 5 – 12 所示。

表 5 - 12　不同社会群体参与体育情况一览表①

有闲阶层	
体育内容	高尔夫、CS、钓鱼、网球、爬山、户外、卡丁车、乒乓球、滑雪、水上运动
参与的形式	朋友、邻居、生意伙伴
锻炼的地点	高级体育会所、户外
参与的方式	付费
参与的频率	2～3 次/周,2～3 小时/次

一般房东	
体育内容	散步、遛弯、扭秧歌、广场舞、抖空竹、抽陀螺、太极拳、踢毽子、打麻将、养鸽子、CS
参与的形式	邻居、朋友
锻炼的地点	公园、广场、街头绿地
参与的方式	免费
参与的频率	2 次/天,2～3 小时/次

小资产者	
体育内容	网球、羽毛球、健身房、遛弯、散步、体育旅游
参与的形式	朋友、家人
锻炼的地点	收费产地、免费公园
参与的方式	健身房付费,其他免费
参与的频率	1 次/周,2～3 小时/次

低收入群体	
体育内容	散步、遛弯、台球、武术、打麻将、踢毽子、扭秧歌、广场舞、抖空竹、抽陀螺、太极拳
参与的形式	朋友、邻居、自己独自练习
锻炼的地点	公园、住宅区空地、棋牌室、文化广场
参与的方式	免费
参与的频率	1～2 次/天,2～3 小时/次

---

①　笔者依据对各个城中村调研资料的分析、整理得出此表。

续表 5 – 12

在校学生	
体育内容	网球、篮球、足球、轮滑、极限运动、卡丁车、游泳、跆拳道、健身操、舞蹈、武术、自行车、射击、高跷、跳皮筋、跳绳、乒乓球(高碑店村,免费)
参与的形式	个人、同学、朋友、家人
锻炼的地点	体育培训机构、体育场、公园、学校体育场
参与的方式	收费(培训机构)、免费(公共场所)
参与的频率	1 ~ 2 次/周,2 ~ 3 小时/次

剑桥大学教授安乐尼·吉登斯[①]认为:体育参与受到方方面面的限制。价格和制度设置的一些俱乐部门槛,令一些阶层群体无法参与这些昂贵的体育项目,虽然法律规定所有体育项目对所有人平等开放,但有些特殊项目的参与者仍然存在制度和经济障碍。这种障碍使得"城中村"一些锻炼身体的居民只能选择一些免费的体育项目,也只能在拥挤的公共休闲空间锻炼身体,而大部分不锻炼身体的居民,多因没有场地、体育观念的落后,以及体育消费的昂贵性,而被剥夺了锻炼身体的机会。低收入的群体,由于长时间的劳作,业余闲暇时间的匮乏,也很少有体育锻炼行为。一些老年人虽然拥有大量的业余时间,但由于经济条件和文化背景的制约,大部分老年人也不从事体育锻炼,即使有锻炼行为,对体育项目选择也多是免费的。另一方面"城中村"有良好家庭背景的孩子,校外从事的体育项目多是付费行为。那些"城中村"普通家庭的孩子在校外几乎没有什么体育锻炼行为。

"城中村"不同群体参与体育的差异,本质上反映了人们之间的利益或资源占有的关系,其核心是人与人之间,以及人与资源之间的关系背后

---

① Giddens A. Modernity and self identity[M]. Oxford: Blackwell,1991:67 – 77.

的秩序。这种等级结构秩序的存在必然会带来社会体育资源占有的不平等性。格尔哈特·伦斯基①认为社会生存必须的基本资源是按照功能主义者的方式进行分配的。社会的剩余资源——即不是生存必需的资源——则是通过相互竞争的集团之间的冲突来分配的。一旦社会出现了分层，特权集团就会利用他们的便利条件占有更多的好处。而"城中村"不但在生存必须的基本体育资源没有按照功能主义者的方式进行分配，而且一些居民对本来就稀缺"城中村"体育资源的占有，造成了"城中村"公共体育资源匮乏，"城中村"居民参与体育活动的基本权益被剥夺。这种体育资源分配的不平衡性，是"城中村"大部分居民不能参加体育锻炼的根本原因。

(3)"城中村"居民体育认同

处于过度状态的"城中村"居民对于体育身份的认同都有自己的看法，笔者在"城中村"调研过程中，经常问居民"你参加体育活动吗"？"你感觉自己参加的体育活动和城里人参加的体育活动有什么区别"？等问题，下面摘录的几则访谈，基本涵盖了处于过度状态的"城中村"居民是如何看待自我体育身份认同和态度的。由于"城中村"居民的身份比较复杂，因此不同的人群对自己体育身份的认同是不同的。

①城市体育

在"城中村"中一些文化精英，比如教师、公务员、城里退休职工以及有一定经济地位的群体，他们认为自己和城市居民没有什么分别，甚至认为他们从事的体育活动，是优越于城里普通居民体育的。

采访对象：A7，"我喜欢篮球，每天都打一场，几个同事下午没课的时候相约，就会组织一场比赛。节假日的时候，会约一些同学爬山。"

采访对象：A8，"我们学校好多女教师练习瑜伽，我就是高碑店村的，

---

① 格尔哈特·伦斯基著，关信平译. 权力与特权：社会分层的理论[M]. 浙江人民出版社. 1988:44.

考大学分配到这个学校当老师,在大学的时候就喜欢瑜伽了,现在毕业了,依然练习。"

采访对象:C4,"打高尔夫是我的爱好,我的许多生意都是在高尔夫球场进行的。"

采访对象:D2,"单位经常组织打台球和乒乓球,我自己喜欢打台球,经常去村子里的台球厅玩,就那边,不是很贵,环境还好,周末了,朋友聚会,打一场台球,喝点酒,聊聊天,很好。"

这些人有良好的体育习惯,并把体育作为自己的一种生活方式。他们对自己的体育身份认同很清晰。他们只不过是居住在"城中村"中,行为上和城里人没有任何区别。

②单位体育

在新中国成立初期,高碑店村土地就被国家征用,因此形成了第一批最早的农转非的居民,当时他们虽然实现了单位制管理,但是户籍上还是属于高碑店村。他们的待遇是居民待遇,体育活动也是单位管理制度。1990 年,国家产业结构调整,高碑店村工厂倒闭,工人全部下岗,这些工人又变成了农民的身份。在 2000 年以后,北京市城市扩张,高碑店村土地大部分被征用,因此这些人随着新的一轮城市化,又转变成了市民身份。在整个社会变迁的过程中,他们始终记住的是自己在单位中,参加体育身份锻炼的经历,认为自己锻炼身体的经历始终是优于高碑店村其他居民的,在他们看来高碑店村居民始终是农耕体育生活,而外地人根本没有体育。

采访对象介绍:A3,高碑店居民,男,69 岁,退休工人,采访地点,高碑店东村居民家大门口一颗大树下。采访时间:2013 年 10 月 19 日。

我们是住在高碑店村的,归单位管。那时候单位会组织体育比赛,主要是打乒乓球。我们参加单位组织的体育活动,还打篮球,他们不能,高碑店农民有高跷会,每年过年走街。生产队那会没有,这不是在 2008 年奥运会后他们又开始练习了吗? 就在那里有庙会就会走街。

③农民体育

"城中村"中大部分居民从心理上认同庙会以及庙会中的各种体育花会表演。

采访对象介绍:A4,高碑店村居民,男,68 岁,未读书,农转非,无业,采访地点,高碑店居民家楼下。采访时间:2013 年 10 月 23 日。

"我们村子一共有五个小队,现在西村就是原来的一小队和二小队。东村就是原来的三小队、四小队和五小队。我们村子自古以来就有高跷会。现在还有,练的多是小孩。平时没人玩,主要是逢年过节才有。不过像十一、八月十五,要有也就有了。原来在庙会上有,就在这房子这儿。现在都到大屏幕那玩儿去。我现在没事儿的时候活动一下,我会抖空竹,从小就玩,到现在了一直玩,农村人能玩什么,自己自制的玩意儿,你看看就在那文化广场那边的健身器械那里,没人去玩。原来晚上大家在大队院子扭秧歌、踩高跷,现在什么都没有了。

采访对象介绍:A9,高碑店村居民,女,40 岁,初中毕业,农转非,采访地点,高碑店村旅游接待处工作人员,接待处大厅。

"乡里边,每年端午节都有一个龙舟赛。社区部门参加,企业的人参加。高碑店乡组织的龙舟赛。我们这好几位老人,都是以前小时候就玩儿抖空竹,抖得非常好。平时自己的爱好,抖出的花样非常多。还有铁环、跳绳、踢毽子、抽鞭子、陀螺等。过去咱们小时的那种、需要用全身的力量。咱们过去小时候抽陀螺。还有丢沙包、跳皮筋、交谊舞、广场舞。我们有金秋艺术节、一些有表彰的活动,像各部门先进的人,像咱们村子考上大学奖励,就有百人腰鼓表演。平时他们分东、西区自己练。腰鼓我们是成规模地使,有时候晚上练。咱们村民,都自愿参加的。女同志居多,但是也有男同志。年龄不一定,有年轻的,有四十来岁的,也有像我年轻的,三十多岁。我参加的是威风锣鼓队。快比赛的时候,集中训练那么两天,就会了。端午节有威风锣鼓、高跷会。村子里人还是都愿意玩这些好玩的。如今我们村子富裕了,城里人经常来,我们发展这些民俗体育活动,你们城里人不也感兴趣吗?我们接到了很多外国游客,我们有奥运人家15家,民俗体育是我们村子的名片,你们城里人没有吧?"

采访对象介绍:B2,男,35岁,农转非,职业,某村委会成员,高中毕业,采访地点,某村委会办公室。采访时间:2013年3月21日。

"城里人都玩什么?不都花钱吗?打一个篮球要钱,踢足球要钱,锻炼身体不都要钱吗?我们村子的那些老太太什么钱也不花,就到那个郊野公园门口扭大秧歌,不也很乐吗?我就是看看电视和新闻,关注一下体育比赛,有时候买点体育彩票什么的,有时候早晨起来,到树村那个小树林打打太极,练一练太极剑,挺好的,也有和我一样的,我们那几个好朋友经常在一起打太极拳,城里人和我们村子里人锻炼身体的区别就是我们不花钱,他们花钱。不过说实在的,你说这一片一片的人,有几个锻炼身体的?外地人都忙着活命,那个未拆迁的居民,他们也不锻炼啊。"

"城中村"这部分居民认为自己从事的体育活动,是传统的民俗体育,尤其庙会上的体育花会表演项目,许多居民都曾经参加过训练、表演,它是居民难以割舍的体育活动,到现在依然在"城中村"中传承。

④农民与市民之间的体育

"城中村"还有一些受过学校体育教育的居民,对于自己的体育身份认同是比较模糊的,介于农民体育和市民体育之间,因为他们从传统的农耕时代走过来,对农村过去的高跷、扭秧歌经历始终念念不忘,而在学校接受的体育教育,让他们有了现代体育观。他们认为自己应该和城里人的体育一样,但很快又否定说不一样,他们还是比较喜欢传统的东西,总之他们既不属于城里人体育,也不属于传统的农耕时代的扭大秧歌类型的体育。

采访对象介绍:B1,树村居民,初中毕业,男,40,农转非,采访地点,回树村的路上,边走边谈,采访时间:2013年12月30日。

"我们村子村民除了工作以外,都不参加身体锻炼,没有人管我们,我们大队的队长也不管我们,村委会的村长也不管我们,现在都不锻炼了。原来村子里有篮球场和足球场,现在村里面的篮球架拆了,那儿也有篮球,有足球场。以前我们有乒乓球,打乒乓球的地方也拆了。原来我们村子好多人爱玩儿打乒乓球,很能打的。我现在都不打了,这几年也没打过。以前就在正月十五的时候踩高跷、打花鼓、踢毽子。现在什么都没有了。现在我们村子村民有打网球的,村长就打网球。我老婆和那些老太太整天跳舞,扭秧歌,村子里的人,都玩棋牌然后打乒乓球、网球。以后我得起早一点,锻炼锻炼,散散步也行啊。我我天天吃完饭转一圈。以前还有农活,身体还好,你看现在就天天待着。人是越坐越颓废。我以前干活,挖那个土方,以前十几方土都没事儿,现在挖几锹,累的就不行了。所以你看身体就下降嘛。现在也不种地了,也不挖什么了,也有钱了,可身体健康不行了,所以锻炼一下自己身体,学个体育项目,只要是有人玩儿的,村民全玩儿,待着干嘛啊,有个良好的健康方式多好是吧,村民打个羽毛球,我们都挺好玩的,就是没人组织。要是有人组织的话,也很愿意玩儿。那不是也和城里人一样锻炼身体吗?

吉登斯认为:[①]"自我认同是个人依据其个人经历所形成的,作为反思性理解的自我。个体的认同不是在行为之中发现的,也不是在他人的反应之中发现的,而是在保持特定的叙事进程之中被开拓出来。""城中村"居民在叙述自己体育活动的过程中,总是离不开自己过去体育经历的记忆,虽然社会变迁,让周围的环境发生了巨大的变化,但过去所处的历史情境,让他们谈起曾经的体育生活经历来,好像就是昨天发生的事情,依然历历在目,这种记忆其实是一种集体思维潜意识。通常一个群体的思维潜意识,决定这个群体的生活方式,它是某一群体潜藏记忆的储存库,是最深层的无意识。荣格认为它由不知不觉中影响我们行为的各种本能和原型组成,潜意识的内容给个人的心理与行为提供了一套预先形

---

① 安东尼·吉登斯著,赵旭东,方文,王铭铭译. 现代性与自我认同——现代晚期的自我与社会[M]. 三联书店. 1998:8 – 10.

成的模式。因此"城中村"相当多的居民在体育身份认同上依然归依在自己曾经的运动经历记忆上。他们生活在过去的体育经验里,曾经有单位体育生活的群体,依然认为自己的体育生活是单位体育,曾经有农耕生活的群体,依然认为自己的体育是农耕民俗体育。他们认为,当今社会剥夺了他们锻炼身体的体育空间和锻炼的权利。然而另一些"城中村"居民,由于个人经历的复杂性和多变性,以及当今生活社会的复杂和不成体系性,在变动不居的现象中,他们的自我认同又是一个动态性连续变化的。也就是说,在整个社会变迁过程中,他们的自我身份认同始终是模糊的,介于"农村体育和城市体育"之间,他们既无法和过去体育生活经历割裂,同时又受到了现代体育观的影响,形成了一种"自我身份认同"的模糊,造成他们很难融入城市社会,又无法回归到农村,成为"没有根"的一个群体。在工业化、城市化过程中,他们失去原有的体育生活方式,而城市又没有给他们提供建立新的体育生活方式的空间,从而产生忧伤与不满负面情绪,这些忧伤与不满情感断断续续地被释放出来,表现出对"城中村"体育社团和村委会组织的一切涉外体育活动的不满,它反映了真实存在的一种失落感。美国人类学家博厄斯认为:"每一种生活方式,都是过去许多历史因素作用下的产物,每个民族都有他们自己特殊的历史,因此每一种生活方式都是独特的。任何文化特质或元素,都必须首先依据它在某一独特的文化结构中所处的地位,以及它与所属文化的价值系统等的关系加以解释和判断。""甚至在我们自己的文化中,要获得相同的环境也是极其困难的。每一户人家、每一条街道、每个家族集团和学校,都有自己的特性,是不易估定其价值的"。"忽视社会环境的影响似乎是没有理由的。环境是独特的,并剧烈地改变着人类的行为"。"城中村"的不同群体,体育生活经历的不同,在社会变迁中,对于自己体育身份的认同也是不一样的。现代化改变了全球社会的结构,将大批的族群强行带人了现代化的快车道上。因此在更广泛的含义上,身份认同主要指某一文化主体在强势与弱势文化之间进行的本主义集体身份选择,由此产生了强烈的思想震荡和巨大的精神磨难,其显著特征,可以概括为一种焦虑与希冀、痛苦与欣悦并存的主体体验。我们称此独特的身份认同状态为混合身份认同。因此居住在"城中村"的居民,除了一些文化精英们认为自己的体育身份是城市体育之外,大部分居民对自己体育身份的认同是一种混合身份的认同。

5.2.2 "城中村"外来居民的体育活动

"城中村"是村民、流动人口和城市居民的混合社区。其中流动人口是"城中村"主要人口群,他们由大量的外来流动农民工、低收入的大学生,公司上班的高级白领以及小工业住等群体构成。这个庞大的人口群体出现在具有"城乡二元结构"的"城中村"中,是农村人口城市化的过渡性群体。出租屋的低租金使"城中村"成为流动人口落脚地。他们以亲缘关系和地缘关系再一次聚集在"城中村"中,生活在城市的最底层,处在城乡和体制的边缘。社会学家、经济学家、政府、媒体对"城中村"现状、形成的原因、改造、城乡联系、流动人口的管理等方面进行了广泛的关注。唯独对这一群体的体育休闲生活很少给予关注,甚至有部分学者认为目前关注这一群体体育休闲生活过于超前了,认为这一群体享受体育休闲生活是一种奢望和无稽之谈。"城中村"居民的就业、居住、子女教育、社会保障等生存问题还没有得到很好的解决,哪里还能考虑更高层次的体育休闲需求呢? 这种观点从马斯诺的需要层次理论来分析,逻辑上似乎是正确的。但事实上,这种观点,首先对体育休闲于人的培养价值缺乏了解;其次是忽略了人对生活的多层次的需求;还有不了解生活在"城中村"的人口构成,他们有相当一部分人有良好的经济基础和良好的教育背景,也有良好的体育行为;再次是对体育作为一种社会机制担负着社会整合的功能不甚了解;最后是对体育的公益性不了解,参加体育锻炼是每一个公民的基本权利,基本的体育公共服务体系应该覆盖城市的每一个角落,居住在"城中村"外来的"他者"也有权利锻炼身体。这一庞大的群体,生活在"城中村"的"他者",来自全国的五湖四海,不仅通过自己的方言彰显自己地域特征,还直接移植着自己的一些习俗。不同的群体也因他们在"城中村"占有资源、受教育的情况被层次化和差异化。那些低收入群体,除了一少部分人偶尔有体育行为之外,他们大部分人因辛苦劳作而没有时间参加任何形式的体育锻炼。而那些受过良好教育的大学生和公司白领上班的群体,总能在这个城市找到自己参与体育生活的方式。另一种情况就是体育促进了外来人口的社会融入,笔者对居住在"城中村"一个家族的体育生活进行了深度调研,发现他们因具有良好的体育生活方式,而很快能融入城市生活。"城中村"各个群体的"他者"如何看待体育和参与体育的呢? 笔者通过观察和采访,总体上可以归纳为三个方面:低收入群体以及小业主群体认为体育运动对于他们来说是一种奢侈行为,有较高收入的群体——白领阶层认为体育是他们的一种生活方式,一些外来族群的认为体育不仅仅能增强体质,它还是一种社交手段。

5.2.2.1 低收入群体及小业主体育

居住在"城中村"的大部分低收入群体以及小业主群体普遍认为,体育对他们来说是一种奢侈品。体育作为一种人类文化形态和现象的价值意义,通过社会实践,改造和创造人类自身的个体生理环境、心理环境以及社会环境。人只有融入社会之中,才能不断地发展自我、完善自我。良好的人际关系是一个社会和谐的主要标志之一。现代人选择聚居城市,但居住空间分异与社会隔离令城市中人感受到的却是"喧嚣的孤独"。尤其像生活在"城中村"的外来工,他们聚居,却又在心理上相互隔离,空间紧凑,心里相互排斥。这种隔离和排斥违背了人们聚居的初衷,人与人之间,群体与群体之间,交往行为在主观上、客观上都存在许多障碍。居住隔离加剧社会隔离,社会隔离容易导致社会矛盾激化,成为"城中村"社会不稳定的隐患。从消除隔离、拉近人际距离、温暖人心的角度看,体育是一个协调人际关系的"润滑剂"。在当今社会以追求经济利益为最大化的内在驱动力下,使得很多劳动者对加班习以为常。"城中村"居住的一些外来群体由于长时间的劳作以及低收入,促使他们缺乏参与体育锻炼的贫乏性。即使工作时间比较短的群体,他们通常只选择看电视、打牌、打麻将、下棋、逛街等娱乐活动,很少有体育活动。而工作时间长的群体,选择睡觉、闲聊、打麻将、打牌或者什么事也不干,根本不可能有更多的精力参与体育活动。长时间的超负荷工作令他们的身体和心理健康备受损害,他们在工作之余,宁愿早点睡觉,还有一些新生一代的农民工、上网打游戏,唯一和体育有关就是购买体育彩票和参与体育网络赌博。而一些小业主,因为每天的疲劳工作,基本没时间锻炼身体,因为店铺是离不开人的。体育锻炼对于他们中间的大多数人来说是一种奢侈,是一种可望而不可即的事情。

采访对象介绍:B14,阿磊,男,22 岁,高中毕业。职业:动车司机。采访地点:树村,2014 年 12 月 12 日。

"我是机车乘务员,开车的,工作很单调。从小我就贪玩,大学没毕业就去铁路了,我今年 22 了,上 2 休 1,除了正式工作之外,我还和朋友一块合伙做点生意,在中关村租了一个办公室,卖办公设备。老家是山东菏泽的,父母都来北京了,也住在树村,他们都在我姑姑公司上班,我姑姑来北京有 20 年了,在北京有自己的公司,每年公司盈利有 20 万吧,已经搬离树村,在这附近买房子了。我爸爸当库管,妈妈给公司的人做饭。我在树村租的房子每月 600 元,是单间。以前经常锻炼身体,跑跑步、打打羽毛球,现在锻炼少了,主要是工作太累,没有时间了。平时在家看看电视,看看书,偶尔打打麻将,在附近转转,和朋友开车去郊区玩玩,我的朋友们有的在铁路上班,有的在中关村搞售后服务,都是高中毕业,大部分都住在树村,也有在永丰、回龙观租房子。

采访对象介绍:D6,小田,女,35 岁,高中毕业。职业:小业主。采访地点:东大街村,2014 年 7 月 12 日。

"我每天都在洗衣服店看着,哪有时间去锻炼身体呢? 再说我们农村人也没有那样的习惯,站一天了,回家就想睡觉了,休息好了,明天还要继续看店呢。"

采访对象介绍:A14,小芬,女,22 岁,高中毕业。职业:打工者。采访地点:高碑店村,2014 年 10 月 11 日。

"我是在这里给老板看店的,也出不去,每天都很晚了才下班,基本没时间锻炼身体,晚上吃完饭,看一会电视,上网聊一会天,打一下网络游戏就睡觉了。我们几个都住在一起,大家都是这样的生活,一个月休一天,就去逛街,买一点生活用品,没时间锻炼身体的,锻炼身体没想过也没时间。"

上述资料,说明"城中村"的大部分的外来居民,还没有体育生活,由于没有休闲的时间,他们被排斥在体育之外。体育应该是"城中村"外来人口的城市生活重要组成部分,体育锻炼对生活在"城中村"最低层居民的放松、发展和整合的功能应该引起人们的重视。超时劳动、单调枯燥的以及一些不良的休闲方式给"城中村"这些最底层居民的生活和发展造成极大的不利影响。户籍上的壁垒、经济上的巨大差距、本地人的排斥,使这些人很难融入城市生活中来,他们中间的一部分甚至走了犯罪的道路。

5.2.2.2 高收入群体体育

"城中村"居民大多白领阶层通常都有良好的体育习惯,他们认为体育是一种生活方式。鲍明晓认为:"体育与城市有着天然联系,现代体育的本质是城市文化,融入城市发展的体育最具活力。因为运动已经成为都市主流生活方式。人们不只欣赏运动的专业化,还在运动中交际,运动中时尚,运动中娱乐。"体育已经成为城市居民的一种生活方式。

城市化是人类进步的体现。21 世纪是一个新的城市世纪,预计 2030 年世界城市化水平将达到 60% 以上[①]。人类发展的本质是人的发展,而人的发展取决于一个国家(地区)的基本公共服务供给状况。"城中村"

---

① 城市与体育. http://news. cnhubei. com/hbrb/hbrbsglk/hbrb08/200710/t119131. shtml.

是城市人口聚集最密集的地区,是所有怀揣梦想、想在这个城市生活下去的城市打工者的集聚区,我们把这个群体称为白领阶层,他们有良好的教育,有稳定的收入,渴望城市生活,渴望健康的生活方式,渴望体育。体育运动已经成了居住在"城中村"这些白领阶层的一种生活方式,即使工作很忙,他们依然会每周抽出两次以上的时间,游泳,爬山,打球。

采访对象介绍:B11,阿阳,男,29岁,大学毕业。职业:小企业主。采访地点:树村,2014年2月12日。

我的爱好是打篮球,我们有篮球俱乐部,成立了七八年了,在大学就开始了,是关系好的一些朋友组织的一个业余球队,我们队有三个外国人,一个是西班牙的,另两个是美国的。和我们关系好的球队有北京体育大学、农大的球队,也有北大、西城、天通苑、西单的,但都没有在国家篮球协会官网注册。平时一周能打两场比赛吧,就是在一些网上提供的平台约赛。只要能约上对手我们都参加,我们在BBL191①限高篮球网、动赢网都有注册。在他们网络注册的有200个队。球队都是私下里自己相互约好了,提供给网站,网站会通过系统给安排裁判。每一场给裁判160块钱,球队出80元,BBL公司出80元。他的比赛制度模式和NBN比赛模式是一样的,实行积分制度,非常规范。去年"动赢杯"BBL限高娱乐篮球联赛刚刚结束,今年又开始了。我在队里主要打小前锋。怎么说呢?这就是个人爱好吧,每一个人爱好不一样,有的人打麻将,有的人赌博,有的人跳广场舞,我选择打篮球,这种爱好,在高中就有了,我原来是学校篮球队的,一直到大学都没有改变。大学毕业了,发生了很多变化,一直没

---

① BBL(全称 BeiJing Basketball League)限高娱乐篮球联赛是北京跨维联众体育发展有限公司旗下的品牌赛事,是全球首推限高理念,把娱乐大众和专业比赛联系在一起的篮球联赛,只允许身高191cm以内的球员参加。联赛分为娱乐比赛和专业比赛两项,让更多的篮球爱好者加入其中,在联赛中享受篮球带来的快乐。自2008年成立以来,一直致力于通过限高娱乐篮球赛让篮球运动摆脱身高压倒一切的尴尬局面,倡导一种"娱乐篮球"的新理念,让每位篮球爱好者体验篮球比赛的快乐与精彩。

变的是打篮球,我想如果可能,这项活动我会坚持一辈子,就是这样,喜欢,而且能交到很多朋友,我的许多项目就是打篮球的时候和大家聊天,球友们给我介绍的,打篮球之外,我们更希望有一种组织的归属。每次打篮球我们都是 AA 制度,每次大约一个人需支付 100 块钱,即能打球又能玩,很开心,奥林匹克运动中心是我们的主战场。我居住在树村,还没看到其他人也喜欢打篮球,可能有,我还不知道。树村太大了,大家仅仅是居住在里面,很少在那里举办什么体育活动。我在树村只有一个打球的好朋友,我们会经常到体育大学篮球场打比赛,有几个打篮球的哥们在体育大学读研究生。"

采访对象介绍:B12,大张,男,30 岁,大学毕业。职业:企业小管理者。采访地点:树村附近的烤肉馆,2014 年 2 月 15 日。

"我打篮球有 14 年了,原来也是校队的,我是农业大学毕业的,毕业了一直在北京工作。这么多年来,我唯一庆幸的事情,是我能坚持打篮球,让我有一个释放压力的地方,赢球和输球都没有关系,只要能打球就好,而且可以经常和一些哥们谈一些工作之外的事情,我喜欢在赛场的那种感觉,那种控制比赛节奏的感觉,我在球队是后卫,还兼职教练,平时大家训练,我就充当教练的角色,阿阳是我们队长。想当年我们的队友有二十多个人,现在还剩十来个,曾经在北京也是风靡一时。这个社会什么都在发生变化,你觉得什么都是未知数,只有回到自己所在的这样一个组织,心里才踏实。当然篮球不是我生活的全部,甚至不是重要的,但却是我生活中不可缺少的一部分,就像我说的那样,什么都在变,只有爱篮球的那颗心不会变。"

采访对象介绍:B15,刘 XX,男,28 岁,高中毕业。职业:电脑维修店主。采访地点:华联商厦,2013 年 3 月 15 日。

"我住在树村的公寓里,月租 1200 元,一个单间,很干净,在树村有三分一的人在中关村上班,有三分之一的人在周围的饭店、商城、超市工作,还有三分一的人是开店、拉活、搬家、理发、修理工、干物业等。来北京我自己学习了电脑维修,在中关村上班,收入还可以。周末约朋友或者同事经常去对面高尔夫球练习场打高尔夫球,一开始不是因为喜欢,是因为单位高层管理者都会打,自己不会很丢人,现在学会了,打高尔球成为自己的生活习惯了。"

　　生活在"城中村"的这一群体,通过自己参与的体育找到了自己的归属感和心理安全感。他们相对于生活在"城中村"低收入群体的人来说,更幸福一些。但四个"城中村"的白领阶层又表现出不同的特征。在高碑店村和南宫村的白领阶层对所居住的地区,更容易有归属感,他们会经常参加当地村委会组织的一些体育活动,体育活动场地、体育内容、锻炼时间等的选择基本和当地居民保持一致。而居住在树村的白领阶层对所居住的地区则表现出"格格不入"的现状,他们经常告诉笔者,他们是某某村的,不是居住在树村,他们住在树村的某某公寓里,不是那种几百块钱的房子。而事实上无论是某某村还是某某公寓,都是是树村村委会管理的辖区。他们是想告诉笔者,他们和居住在树村的其他打工者是不一样的,他们是高人一等的,有着良好的生活习惯的城里人。他们参与体育活动的地点也多选择离树村比较远的地方,多是比较高档的体育会所,参与的项目也是集体性项目,比如篮球和足球等。由于经济上的优势,他们无形中滋生出自豪感与优越感,从而有意识地与其他居民拉开距离。居住在树村对于他们来说仅仅是一个不得而已的过渡行为,他们始终是生活在树村一个"他者"。东大街村没有白领阶层,打工者多是低收入群体。

5.2.3 "城中村"体育发展特征

5.2.3.1 不同类型"城中村"体育特征

(1)移民型"城中村":树村

确切地说,树村是一个移民村,村子里居住着来自天南地北的各色人等,是人口居住密度最高、人口数量最多、结构最为复杂的村落。由于居民群体的复杂性,造成了树村体育发展的复杂性。这是最具传统意义上的"城中村",也是北京多家媒体经常批评的对象。然而就是这样一个村子,曾经走出了20多只中国摇滚音乐乐队,也曾经以树村为背景拍了一部反映外来打工者在北京奋斗的电影。如今十年过去了,树村迎来了新的一批打工者,他们奋斗在中关村,以及围绕树村附近的各种服务业,是一个传统与现代的交织地带,因此在树村几乎各种形态的体育都存在。树村低收入群体几乎没有体育活动,这些低收入家庭的孩子的活动多是跳皮筋、跳格子、打鸭子、丢口袋等民间体育游戏,他们随便找一个地方就能开始他们的游戏,一般在住宅区外的空地、树村的小树林里或者是小清河河畔。树村大部分人也几乎不参加任何形式的体育,而他们却送他们的孩子参加轮滑培训。而那些住在树村的白领阶层参加的体育活动几乎和城里人没有任何区别,他们已经把体育作为一种生活方式。另外,还有一些扭秧歌的老年人。树村由于受到多种文化的冲突,因此体育也呈现出多样化发展趋势。

(2)商住一体型"城中村":高碑店村

由于高碑店村历史悠久、文化底蕴深厚,通惠河往来船只穿梭,沿两岸商铺林立,节俗庙会繁荣昌盛,民俗体育花会表演项目繁多,从而创造出了浓郁乡土情调的传统风俗体育文化。在历史变迁中,高碑店村传统体育文化虽几经起起落落,但一直在民间自发地传承着。2003年高碑店村深入挖掘地区体育文化和民俗节庆体育文化,依托浓厚的传统体育文化气息,开始发展民俗体育产业,2005年高碑店村被北京市、区旅游局批准为民俗旅游村,并被北京奥组委指定为 2008 年奥运会定点接待村。2006 年高碑店村春节恢复漕运庙会,开展了中元节放河灯活动民俗活动等。高碑店村的传统体育高跷也因此再一次传承发展起来,并受邀到美国、英国和澳大利亚等国家参加走街表演。庙会中一些要衰落的民俗传统体育项目在高碑店村又发展起来。比如广场舞、抖空竹、抽陀螺、抽鞭子等项目开始在民间复苏。另一个方面由于高碑店受奥运会体育文化的影响,一些现代体育项目也开始在新生一代居民中得以发展,比如篮球、羽毛球、乒乓球、网球、跑步、钓鱼、轮滑、户外运动等。同时高碑店村的商住一体的发展模式,使居民的工作空间和生活空间混合一起,因此高碑店村体育的另一个特征就是居民在同一个场域内可以参加免费体育活动也可以参加付费体育活动。比如跆拳道馆、台球厅就在居民的楼下,楼下外面就是空地,居民可以在空地上踢毽子和打羽毛球等。但这种格局的发展让"体育扰民事件"频发,显然工作区和生活区都不是锻炼身体的好地方。

(3)新型"城中村":南宫村

南宫村是一种新型"城中村"。近年来,随着新型城市化的推进,城市化水平快速提高,诸多新类型的"城中村"在北京的远郊逐步形成。当前的"城中村"研究集中于较早出现的传统"城中村"类型,一定程度上忽略了近年来新出现的类型。南宫村从建筑外观上看,和城市没什么差别。有现代化的体育公园、体育高级会所、综合性公园。南宫村充分利用自己地区的资源优势发展体育旅游产业,在青龙湖公园经常举办各种类型的龙舟比赛,春节有冰雪节等。由于这些大型的体育场馆的高消费、距离居民居住区比较远以及交通的不便性等原因,南宫村居民基本不会到这些地方去锻炼身体,这些体育空间的消费主体主要是来南宫村旅游的城市居民或者外地人。南宫村居民最主要的活动区南宫村文化广场,围绕在广场的周围社区的老年人经常聚集在文化广场跳舞、打太极。南宫村的青少年学校之外最普遍的体育活动是轮滑,有一些个别青少年经常在体育公园的户外极限运动场玩滑板,这些体育活动都是自发,自娱自乐行为,由于缺乏运动常识,青少年经常发生身体受伤事件。南宫村成年人以及外地打工者由于忙于生计,基本都不参加体育活动。居住南宫村的白领阶层有良好的体育习惯。南宫村以发展现代体育旅游业为村子的主要产业,但南宫村的居民参加体育活动的主要是老年人和青少年,大多数老年人以传统项目为主,青少年以新兴体育项目为主,成年人基本不参加任何形式的体育锻炼。

(4)空壳型"城中村":东大街村

东大街村是一个没有村址,只有村委会的村子。笔者在文章前面论述中,把他定义为空壳型"城中村"。在第二章梳理东大街村发展的历史脉络时,已经论证了大东街村是一个缓慢的城市化过程,从建设怀荣县城就开始了,经过几次历史的变迁,如今的东大街村的土地以及住宅区都被国家征用了,东大街村已经进入后"城中村"时代。居民和村委会唯一的联系方式就是电话。村委会组织的一切涉外体育活动,都由办事员,一家一家打电话通知。这样的一个松散的管理模式,使居民的体育活动基本是放羊式管理,居民从事的体育活动,都是自娱自乐行为。但东大街村有一传统的体育项目踢毽子,在居民中广受欢迎,老人、孩子、妇女、青少年、成年人几乎每年龄阶层的群体都会踢毽子,而且非常普及,有鸡毛毽、皮毛毽、纸条毽、绒线毽和口袋毽子,东大街村村委会有一个干部出身踢毽子世家,世代都是踢毽子高手,有高超的技能和技巧,在怀柔地区小有名气。他们多集中在滨湖健身公园里、住宅区空地、街头绿地或者自己小店的门前空地等,只要有时间几个人就会凑在一起踢几下。青少年在学习外从事的体育活动除了踢毽子之外,还有轮滑训练。由于东大街村的组织松散,加之原来的熟人社会纽带关系的断裂,因此体育失范行为发生的机率比较高。东大街居民体育活动的内容比较单一,主要以踢毽子为主,学生主要以轮滑为主,青年人多在北京市区工作,体育行为方式和城市居民基本无差异。

5.2.3.2 "城中村"体育发展的总体特征

(1) "城中村"体育嵌入在居民生活中

体育这种特殊的消遣娱乐,在"城中村"流行的方式是散乱地嵌入到居民日常生活中的。它不是居民的主要娱乐活动,也不是居民的必须活动,在"城中村"中它总是被称为文化活动的一部分。"城中村"村委会没有设立单独管理居民体育事务的部门和管理干部,各个村子的普遍做法是由副村长兼职管理体育活动,体育活动镶嵌于文化活动里面。村委会体育事务的主要组织嵌入在村委会中,组织村子一切对内和对外体育活动。体育组织本身不具有独立实体的性质,这些组织都依附于村委会而存在,体育组织经费的主要来源也是村委会。体育组织负责发展会员以及组织日常会员训练。每到村委会组织各种大型文化活动、宣传活动、招商引资活动等,即有关村子一切集体的对外、对内的各种活动时候,这些体育组织都要义务为村委会进行义演。比如高碑店村,每到春节、元宵节、五月节、中秋节、小年等各种民俗节日时都有漕运庙会,在庙会上,高跷会、小车会、舞龙舞狮队都要进行走街义演。而威风锣鼓团队、扭秧歌团队则在村子组织的文化节、艺术节或者趣味运动会等开幕式和闭幕式进行义演。体育组织进行的一切体育活动都不是一种独立的体育行为,而是嵌入在文化活动中,是文化活动表演的其中一个项目,体育依托文化活动而存在。再如,南宫村的每两年一次的艺术节都有百人秧歌队、百人腰鼓队、百人木兰扇队、百人太极拳队和百人健身球队的表演,树村的扭秧歌队、东大街村的毽球协会队等,都嵌入在各村的节日庆典中,和文化活动混为一体。

而另一个方面"城中村"居民的日常体育活动又嵌入在居民的社会生活中。比如,高碑店村漕运文化广场,文化活动中心以及村子的各种活动室,是居民聚会休闲的主要地方,居民在这些空间一起聊天、打麻将、散步、锻炼身体等,而这些活动通常都是一体的。有的居民甚至去菜市场买菜,路过广场,顺便休闲一下,打一会太极拳再回家。体育锻炼不是主要目的,是日常生活行为中一个顺便的事情。南宫村文化广场也是当地居民休闲娱乐的主要公共场所,当地居民聚集在一起经常下棋、打麻将、打牌、跳舞、聊天、遛弯、乘凉、唱歌、唱戏、自编自演小品、演奏、打太极、踢毽子等,体育活动嵌入在这些生活娱乐之中。再如,东大街村居民聚集在体育公园聊天、叙家常、唱歌、踢毽子,树村居民聚集在郊野公园扭秧歌更多是寻求一种心理上的归属,聊天对于他们来说是主要的目的,锻炼身体则是顺便的事情。

"城中村"居民所有的体育活动都不是一种独立的体育行为。它镶嵌于居民生活的方方面面,并对"城中村"居民社会稳定与进步有积极的促进作用。而体育的这种社会功能只能与其他要素结合起来才能体现出来,这些要素包括家庭,教育,宗教、娱乐等,体育在"城中村"是一个次文化体系,它教会人们基本的社会价值观与道德标准,这也体现了体育的社会情感功能。"城中村"居民通过体育实践的集体展示将社会成员整合起来。比如在"城中村"庙会体育花会表演、广泛流传的广场舞等,具有很高的社会凝聚力。当然这种镶嵌性的体育活动在"城中村"中也承担了社会角色塑造的工具,它会影响"城中村"个体社会角色的学习过程。

打 CS 的大妈和跳广场舞的大妈的相互影响。从事一项体育活动、锻炼身体并不是他们的主要目的,更主要的目的向人展示我喜欢玩什么,我们玩的有别于其他人玩的,我的活动具有高于其他人的优越性。他们更愿意和国家政策和国家的形势扯上关系,经常聚集在广场上通过跳舞、唱歌、打太极、聊天抒发感情。"城中村"当地居民大多没有工作,过剩的精力,让他们转向了各种形式的娱乐休闲活动上,当然也有赌博。甚至有一些老年人打 CS,大约每周有一次到两次的活动,通常分组的时候,由两个实力相当人通过石头剪刀布的形式分组,然后进行比赛,比赛有专业的裁判人员。每次比赛持续的时间直到分出胜负为止。从这一体育项目的参与中,我们应该可以清晰的厘析出,这种行为是一种单独的体育行为,但事实是错误的,他们更在意在 CS 场地里的那顿免费的午餐和游戏过后的免费采摘活动,因此我们很难分析出他们是为了采摘才打 CS 还是为了打 CS 而打 CS。不过,不管如何行为,"城中村"居民的体育行为还是存在的。

即使经常参加 BBL 篮球限高比赛的那些白领阶层,他们也会告诉笔者,他们是为了社交才打篮球的,周末大家打一场篮球,吃一顿饭,聊聊天,然后去酒吧喝酒或者去 KTV 唱歌,体育也是镶嵌在他们的娱乐活动中。这种嵌入在"城中村"居民日常生活中的体育正在成为居民的身体、社会、经济发展的有效桥梁。如图 5-2 所示。

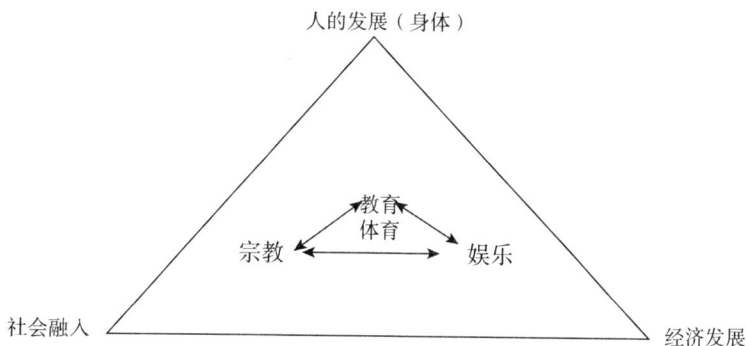

图 5-2 "城中村"居民体育和生活关系图

(2)传统体育与现代体育并存发展

①传统体育

a 民间体育花会

民间体育花会历来就是广聚人气的一项社会活动。早年北京的民间,体育花会就总是与各地盛行不衰的各种庙会活动相关联。20 世纪 50 年的信仰上的无神论,使民间体育花会与庙有关的活动完全脱钩。后来虽然依然有庙会,但是无论是办庙会的地点还是庙会的内容都和庙会的信仰纽带关系减弱了。民间体育花会,无论是敬神还是愉神,或者是老百姓的自娱自乐,一开始就是民间自发的,具有绝对社会公益性的特征。民间体育花会的社会属性,决定了它"由民生,由民养,由民办"的特性。笔者调研的四个村子中的民间体育花会项目,高跷是最具代表性、群众基础最好、传承最好的一个项目。而高碑店村是唯一一个村委会组织传承民俗体育活动的一个村子,因此分析高碑店村的高跷历史发展与传承基本能代表体育花会表演项目是如何在乡村变迁中传承与发展的。

中华人民共和国成立以后,高碑店村高跷老会曾在 1949 年、1954 年参加了国庆庆典活动。在 60 年代、70 年代,作为封建主义迷信被迫停办了 14 年。以后经历两次重整:1979 年重新整理,2003 年又一次重整。

对于高跷会每次的起起落落,都给高碑店村居民带来巨大的创痛,也会给高跷会带来巨大的损失。高碑店通过走会形式来体验自己的社会情感。这种社会情感也是人们精神的需要,它不仅仅是一般的娱乐活动,而是交织着神圣与世俗双重目的的社会性活动。平时他们为生计而奔波,只有在节日活动里,他们的思想全部集中在集体活动方面,这种集体活动倾注了他们的理想,他们在参与这种集体活动时,感受到自我的强大。但这种自娱自乐的体育花会项目的发展又总是和政治气候息息相关。

采访对象介绍:B16,王 XX,男,30 岁,高中毕业。职业:出租车司机。采访地点:司机车上,2013 年 4 月 20 日。

"现在谁还组织踩高跷呢?早就把那些行头都放在村委会的仓库里了,曾经我们村子的人,谁又不会踩高跷呢?想当年我们村子多么辉煌,参加各种比赛,还到别的村子走街,每到逢年过节,各个村子都会走街,走到哪里,都会有赏钱,大家就是图一个高兴,现在谁管你呢?我们去哪里锻炼身体?以前我们在大队院子里玩,没事的时候大家绑上高跷腿子练练,相互切磋一下技艺,现在倒好,有地方吗?就别说高跷了,其他活动不也没有了吗?"

城市化后,让居民失去踩高跷的场所,一些居民心中充满了抱怨,如果这些抱怨得到不到很好的释放,那就会产生社会失范,甚至犯罪,我们需要给这些正在被城市化的居民心理找一个安全的地方落脚,否则将不利于社会的发展和谐和稳定。

b 民间体育游戏的复兴

民间体育游戏的记忆。城中村各色人,熙熙攘攘,行色匆匆,都在为实现自己的价值拼命去工作,无论是当地居民还是外来者,无论是有闲阶层还是贫下中农,无论是小资产者还是无业游民,他们奋斗的脚步匆忙而凌乱。所以,当你乍一提到体育,他们会觉得遥远,或者觉得不屑一顾和无聊,甚至觉得奢侈。当你让他回忆往昔,让他提起儿时成长中的记忆,你问他们:"你都经常玩过什么样的游戏? 在学校都上过什么体育课的时候?"就在他停下来思考的一瞬间,竟然发现,他自己的生活本身,一直伴随着体育的存在。

采访对象介绍:B17,李XX,男,25 岁,高中毕业。职业:理发师。采访地点:司机车上,2013 年 4 月 25 日。

"小时候在乡下玩的可多了。春夏秋冬,玩的都不一样。冬天主要玩'打嘎儿',知道是什么吗? 就是北京人说的抽陀螺,我们那里叫'打嘎儿',找一块空地几个人就开始玩,最后看谁的嘎儿旋转得最久谁就是胜利者,当然也可以分队进行比赛,最牛的当然是在冰上抽嘎儿了,没有滑冰经验的人,到冰上就摔倒了。还有'撞拐子',一下课,我们班的高手就会向邻班的高手挑战,就是这样,全都做起金鸡独立的样子,用盘在站立腿上的那条腿的膝盖,与对方进行撞击,可以躲、闪、撞、蹦着跑,总之不管用什么方法,只要把对方盘起来的那条腿撞散,让对方无法站立就赢了。有时候谁也撞不倒谁,就握手言和,累得精疲力,躺在地上歇一会,很有意思。也溜冰,在冰上跑等。春天一般是放风筝,也郊游,或者爬山,我们村子对面是大山,一到春天或者夏天,我们就会爬山,还有那种用车轱辘弄成的光圈追着跑。现在都不玩了,每天上班很累,晚上吃完晚饭,看一会电视就想睡觉了,觉得很无聊,再说到哪里去玩,你看这里除了人就是人,没地方去锻炼,身体素质都下降了,一跑步觉得气都上不来了,真该锻炼一下了。有时候到那边的公园去散散步,就是太偏僻了,阴森森的,听说那里死过人,晚上是不会去的。"

采访对象介绍:B18,孙XX,男,22岁,高中毕业。职业:理发店洗发工。采访地点:司机车上,2013年4月26日。

"我来北京三年了,主要做美发行业,是老乡介绍来的,每天都上班,工作很累,晚上下班都很晚了,不可能锻炼身体,如果平时客人不多,老板不在就跑到门口踢一会毽子,小时候特别爱踢毽子和跳皮筋,有时候也玩跳房子、打鸭子、跳绳游戏等。上体育课还拔河和玩老鹰捉小鸡,那个时候觉得自己很能跑,可自从来了北京好像什么玩的都没有了。我就住在树村,老板给租的集体宿舍。现在越来越懒了,有时候在网上玩斗地主什么的,我们几个晚上在宿舍有时候也玩一会'双升',打一会就睡觉了,没什么娱乐,谁愿意搭理你呀,我现在踢毽子也很厉害啊,呵呵!"

踢毽子在"城中村"最为广泛,凡是参与体育运动的群体,基本上都有踢毽子的运动经历。在住宅区的空地上、公园里、广场上、村子附近的绿地街道以及村子周围的小河畔、小树林中,总是会看到三五成群的人在踢毽子,伴随着欢歌笑语、嬉笑怒骂声,毽子在空中上下翻飞,有时候不同群体还会出现斗毽子的情形,或单独斗毽子或者是群体之间斗毽子,有一些民间毽子高手,总是迎来周围人的喝彩声。参与的群体也非常广泛,有老人、成年人、中年人、少年人,这些人有不同的文化背景、不同社会地位、不同的经济条件,只要个人喜好可以随便加入任何一个群体,无论参加哪个踢毽子的群体,他们都是居住在"城中村"的熟人,有时候村干部也会加入某一个群体踢毽子。其中,东大街某一村干部是踢毽子世家,在当地非常出名,世世代代都把踢毽子作为自己的个人爱好,并在当地得到社会尊重和认可,一提起踢毽子,当地居民总会说,谁谁他们家是世代踢毽子的高手,并表示赞叹。每年到村子参加乡镇举办的全民运动会时,东大街村总是能拿到该项目的比赛冠军,即使其他村子请的都是专业高手,也不能与之媲美。但是"城中村"这些踢毽子群体,通常总是把外来人口排斥在外,这种排斥在自各个年龄层次的群体都存在。因此另一种现象是

"城中村"外地人口也依据地缘关系、亲缘关系以及业缘关系分别建立自己的踢键子群体,而各自互不来往,各自踢各自的键子。甚至在学生群体也是如此,当地居民的孩子和外地居民的孩子也各自踢各自的键子。在"城中村"中,抖空竹的群体是一些老年人和青少年。参加抖空竹的人群相对于踢键子的人群来说,人数比较少,多是个别行为。许多老年人抖空竹是因为年轻时候曾经就有这样的运动经历,而一些年轻人喜欢抖空竹是因为好奇。他们练习的场地多是附近的公园。老年人练习的时间在每天的上午,年轻人都在节假日。另一个体育游戏项目是抽陀螺,也正在"城中村"悄然兴起。在"城中村"抽陀螺是一种季节性的项目,在春天和夏天人们很少抽陀螺,而秋天和冬天却是抽陀螺的好季节。一般国庆节后,抽陀螺的人群会渐渐增加。另一种游戏是跳皮筋。在"城中村"的街道上,经常看到一些孩子在跳皮筋。

②现代体育项目的新兴

a 集体项目的兴起

笔者在这里介绍的集体项目主要是指篮球。就像生活在××村里的一个草根组织,"××篮球俱乐部"的体育生活情况。该组织成立之初有30多人,现如今有20多人。组织有一个管理者负责召集大家平时训练和比赛,有一个教练负责大家平时训练和比赛指导。平时训练地点多选择在居住地周围的两所大学的免费露天篮球场。每周有两次训练,或者练习球技或者组内打比赛。参加对外的篮球比赛主要两种形式:一种代表某一单位打行业比赛,另一种形式就是参加BBL限高篮球网、动赢网组织的专业比赛。

b 户外运动的兴起

在"城中村"另一种新兴的体育项目是户外运动。主要包括轮滑、钓鱼、信鸽、CS、等项目。轮滑在"城中村"青少年也很普及。钓鱼项目主要是生活在高碑店村的成年居民从事的一种户外休闲体育活动。在高碑店村一些老年人爱上了信鸽运动,主要是代北京信鸽协会某一会员饲养和训练信鸽。每天早晚两次,放飞信鸽训练。打真人 CS 游戏是南宫村一些老年人群体。

c 电子体育游戏的兴起

电子体育游戏是一个新兴的体育项目,在"城中村"的发展也是一个新兴的事物。四个村子中,只有高碑店村一些青少年开始玩这种电子体育游戏[①]。他们在网络上,或者是电视上玩虚拟打篮球和足球比赛。电子体育游戏作为一项体育项目,能够提高游戏人的思维能力、反应能力、协调能力、团队精神和毅力,以及对现代信息社会的适应能力,从而促进其全面发展。当然在高碑店村,这种新兴的体育项目,也仅仅是个别青少年的爱好。有一些孩子不愿意运动,又喜欢体育,为了体验运动的快乐,最终转向了电子体育游戏,并且痴迷。

5.2.4 "城中村"居民体育的诉求

目前"城中村"居民锻炼身体的居民还不是很多,但是大多数人对体育诉求非常高。对于"城中村"居民而言,失去世代赖以生存的土地意味着失去了生活来源,生活场景的剧烈转变,让他们过度担心未来的生活。焦虑、自卑感对他们身心健康带来较大的影响,导致体质的下降,增大了医疗支出的风险。开展"城中村"体育活动,对于提高居民的体育参与意识、增强体质、缓解精神压力、减少医疗支出有着十分重要的作用。

5.2.4.1 个人安全对体育的诉求

(1)身体健康:对体育的诉求

通过对前文分析不难发现,在"城中村"各个层次的群体都出现了具有较强烈的"增强体质、强身健体"需求。虽然"城中村"大部分居民的户

---

① 电子体育游戏是以信息技术为核心的软硬件设备为器械、在信息技术营造的虚拟环境中、在统一的竞赛规则下进行的对抗性体育游戏运动。让玩家可以参与专业的体育运动项目的电视游戏或电脑游戏,该游戏类别的内容多数以较为人认识的体育赛事(例如 NBA、世界杯足球赛)为蓝本。

口都变成了城市户口,但是城市的一切保障政策,都把"城中村"居民排斥在外。而居民们又失去了体力劳动的机会,由于缺乏劳动和身体活动,一些居民的身体素质、身体健康状况每况愈下。一些心血管疾病、糖尿病、肥胖症、慢性病等开始在"城中村"蔓延。高昂的治疗医药费,已经使一些家庭不堪重负。"城中村"居民渴望健康,需要通过体育锻炼来促进自己的身体素质。下面是一组反映"城中村"居民渴望通过体育提高自己身体健康的采访数据。

采访对象介绍:B4,金×,树村居民,初中毕业,男,42岁,公务员。采访地点:树村。采访时间:2013年1月5日。

"首先,建议树村郊野公园能否增加一至两个篮球场,花钱也不多,也省下一片地种树的钱,同时里面也不会显得很空旷,又能给周边的人锻炼身体的机会,就像东小口森林公园一样,里面有4个篮球场,创意挺好的。其次,不知道里面有无小水池,公园多一分'水'则会显得有灵性。恳请有关领导批准实施,谢谢!"

采访对象介绍:B5,男,25岁,树村居民,高中毕业。职业:无业。采访地点:树村,2013年1月12日。

"以前上学的时候喜欢打篮球和踢足球,刚刚毕业的时候偶尔还约同学租场地去踢足球,现在都大了,大家都很忙,没时间玩了,约不到一起,可能大家生活圈子都不一样了,约人家也不出来。如果发展社区体育,我非常愿意组织,那我就有事情做了,而且还能打篮球,只是那太不可能了,谁管啊?"

采访对象介绍:B7,小峰,男,26岁,树村居民,高中毕业。职业:无业。采访地点:树村,2013年3月18日。

"以前上学的时候我喜欢打篮球和踢足球,经常和同学们一起,现在来到树村,不知道去哪里玩,也找不到免费的篮球场和足球场,你看现在北京体育场地都是收费的,而我现在每月收入就在3000元左右,除了付房租费和我基本的生活费以外,就剩不下多少钱了。体育开支太大了,消费不起,以前从来不知道打篮球和踢足球还花钱什么的。在我们县城,只要想玩,组织一群人就到体育场就玩了,现在再也回不去了。偶尔我也和好朋友去树村郊野公园玩一玩,就是散散步,那里也没什么可玩的,大部分休闲就是打麻将和扑克牌,其他没什么了,其实挺失落的,要是附近能有一个免费的场馆就好了,现在觉得自己的身体素质越来越差了,每天上完班特别累,很早就睡觉了。周末就洗洗衣服,会一会朋友,大家都很少锻炼。"

从"城中村"居民对体育的需要来看,农民转变为居民以后,由于体力活动被剥夺,没有再次参加工作的机会,加之对于利益分配不均衡的不满,随着身体活动越来越少,身体素质下降、身体活动能力下降,使他们对自己的健康开始担忧,因此许多人,开始寻求体育的帮助,对于体育的需求也越来越旺盛,他们身在城市却少与社会交往,形成封闭群体,远离体育又渴望体育,可又不知道如何参加体育。不同群体表达了对体育不同层次的需求。一些老年人比较喜欢身体负荷较小、以精神调节或心理放松为目的的体育项目,主要是为改善自己的身体健康状况,提高生活质量。一些中年人,希望国家在他们居住区周围的公园、绿地、街道周围提供一些基本的体育服务设施,能够满足他们基本的体育需求。一些失业的青少年,希望通过有组织的体育活动,来满足他们参加现代体育的需求,并愿意把体育当作自己的事业来做,为居民参加体育活动,作出自己的贡献。而外来居民则希望有免费的场馆。

(2)精神安全:对体育的诉求

来自树村的一个草根体育组织,恰恰是为了寻找社会的认同才组建起来的。该草根组织成员的共同爱好是篮球,整个组织的人群全是外地人,年龄在23~35岁,男女都有,他们打篮球的目的,除了锻炼身体之外,更多是在城市找到自己的根,找到一种心理归属,在这个城市找到了一种心理安全感。当自己工作上、生活上,遇到挫折时候,组织的其他人员,可以提供援助,帮助自己解决困难。一个群体的帮衬,有时候甚至来自竞争队友的帮衬,在创业的过程相互扶持都因为有共同的体育安好,在体育资源共享、价值观共享的过程中,顺便也解决了自己的工作和生活上问题,因为打篮球不仅仅是打篮球。他们告诉笔者,他们是这个城市的一员,属于这个城市体育的一个爱好者,属于一个篮球发烧友,需要在篮球运动中,共享价值篮球规范的价值,他们平时聚会,经常会探讨,在打比赛中有关犯规与守规则的问题,以及篮球比赛的输赢,以及比赛带来的愉悦和经验。他们共同遵守的篮球价值的认同,使他们和城市其他爱好篮球的居民很好地融入一起,最终达到融入社会,自我实现是他们终极的目标。他们希望居住的村子能为他们组织比赛,促进那些外来人口参加到体育比赛中来,而不是一味的排斥,其实很简单,只要需要有人组织,大家对于体育热情都是非常高的。城市化的最终目标是实现人的城市化。"城中村"当地居民实现的户籍和居住地的城市化这种显性层面的城市化,并不能真正实现诸如生活方式"心理适应"等隐性层面的城市化,这需要一个漫长的转化过程。无论是外地居民还是当地居民的不安全感,多是精神的不安全,他们觉得自己心无所依,找不到自己的组织和精神上的寄托。不管是有钱的没钱的、有社会地位的没社会地位的、有文化的没文化的,都找不到自己的精神家园,希望能通过体育找到大家公共的东西,找到心理安全感。"城中村"的规范管理,在农民市民化的转化过程中起着至关重要的作用,村委会可以组织丰富多彩的体育文化活动来提高他们的生活情趣,培养健康的生活方式。体育作为活动的重要内容之一,对提高"城中村"居民生活质量,增进他们与城市居民的交流,增强他们的城市归属感有着积极的作用。

5.2.4.2 社会安全对体育的诉求

笔者在进入高碑店村进行调研的过程中,接触到一个饲养信鸽的组织。该组织成员都是 2000 年农转非的居民,住在社区管理的楼房,但仍然是这个村的居民,社区是村委会的下级单位,这个村已经有三个社区单位了,分东、西区及兴隆佳缘。东、西区是原来旧村,兴隆佳缘是拆迁上楼的居民。他们除了养鸽子,平时早上还到楼下的公园散步或者锻炼身体。他们告诉笔者村里很多居民赌博,亟需一些健康的生活方式,非常希望有人来管理。他们隐隐约约觉得是一种隐患,有的人已经因为赌博又变得贫穷了。非常希望体育进入居民的生活,构建一种健康的价值观。而来自笔者调研的另一个"城中村"的居民告诉笔者,她和她周围的人都有良好的体育锻炼习惯。以前他们喜欢游泳、打篮球、打羽毛球。因为是受过正规的学校体育教育,所以体育活动是他们的一种生活方式,现在他们大多数都退休了,把户外锻炼身体作为他们新的共同的体育方式,并组织了几个健身队,比如香山队、圆明园队,以及颐和园队。他们参加过 1991 年在大钟寺体育馆组织的第一节农民运动会,如今大钟寺体育馆被拆了,农民运动员会也没人组织了,现代的农民运动会都和农民没关系,城里人代替农民参加他们的运动会,并且问笔者为什么?他们现在非常渴望在村子里,组织各种各样的体育比赛,提高居民的身体健康、提高居民的幸福指数,场地不用国家提供,居民自己可以找到,比如,附近北京体育大学的场地、农业大学的场地,他们都可以自己来解决,就是需要有人来组织他们比赛,组织各种体育活动,而不是一盘散沙。如今社会物质条件达到了一个更高的层次,而居民的健康文化层次不但没上来,而且还落后了,这个村子居住的都是外来人口,大约有 8 万到 9 万人,这样一个群体没人管,想想多可怕,这里的居民大多数生活方式一团糟,除了赌博好像没什么爱好。她认为不良的生活方式已经危及到了社会的公共安全。希望国家来组织体育比赛,建立大家共同的、健康的价值体系来对居民进行教化。

"城中村"居民不良的生活方式,正在给一些人造成心理压迫感。这种压迫感,表现在个人层面上就是身体和精神上不安全感,表现在社会层面上就是公关安全的不安全感。"城中村"居民的不安全感,恰恰是来自周围环境的不确定性,他们通过各种过激的行为来填补自己内心不安全感。即使那些经常参与赌博,光顾各种娱乐场所的居民,也不认同自己的生活方式,他们认为如果有人组织体育比赛,他们也会参加,主要是在"城中村"实在没有更好的消遣方式提供给他们。这些处于过渡状态的居民,从来没有像今天这样遭受到公共安全给他们带来的残酷考验和严峻挑战,他们对自己生活的区域公共安全的现状和未来充满沉沉的顾虑和重重的忧患。他们把这种心理上的不安全感和他们公共生活上的不安全感,都投向了体育活动,他们普遍认为,健康的体育生活方式的建立,可以消除公共生活中的许多隐患。

　　总之,现代化、工业化、城市化的本质是城市生活方式的获得过程。体育生活方式的获得,是人现代化的一个重要标志。从"城中村"建筑外在形式看,他们和城市相差无几,甚至一些"城中村"居民从生活装备上、某些消费、一些娱乐方式以及时尚观念上与城市居民保持一致。但"城中村"体育生活与城市体育生活相比较,他们又表现出鲜明的不同。"城中村"居民对体育的认知还比较模糊,大部分居民还不了解什么是体育以及体育的功能,加之体育公共空间的不足、分布的不合理性以及私有化,使"城中村"居民参与体育运动呈现分层化,这种分层化的等级秩序,是由"城中村"不同的群体对体育社会资源占有的多寡而决定的。一些"城中村"中体育资源的特权化,使大部分居民被排斥在参与体育活动之外。而城市在整体规划中,也因体育资源的稀缺性,体育公共资源优先配置给城市社区,造成"城中村"体育公共服务体系建设缺失,一些"城中村"居民的基本体育参与权利被剥夺。主客观原因使"城中村"居民和城市居民体育参与有较大差异。因此"城中村"居民体育身份认同上是一种混合身份的认同。于此同时"城中村"居民构建一种内向的亚体育文化圈,以在体育文化共享中达成对自尊的保持和传统体育文化自觉性的延续。这一点,集中表现在集体性节庆庙会中的体育花会表演,通过构建一个共享的、有意义的世界将"城中村"居民凝聚成一个体育文化共同体。"城中村"节庆民俗体育,对居民具有安慰和镇定的作用,那些焦虑和不安全感,在"赶庙会"过程中得到释放。"城中村"居民对拆迁的恐惧性来源于对未来的不确定性,他们失去土地,没有工作,具有居民的身份却没有享受居民的社会保障,对身体健康的担忧,对社会不信任的焦虑,让更多"城中村"居民开始认识到锻炼身体对自己的重要性。因此,"城中村"居民对体育的诉求越来越高。而这种庙会中的民俗体育几乎是所用"城中村"居民共同的体育记忆,也只有参加民俗体育活动的时候"城中村"居民才觉得更具有幸福感。然而农业经济社会走向工业经济社会,使在农业文明发展起来的民俗体育在"城中村"中正在失去了原有的社会文化背景,因庙会而存在的民俗体育表演,几经起起落落,正在走向衰退。以高碑店村为例,2013年、2014年,高碑店村春节庙会取消,而依托庙会存在的体育花会表演也随庙会的取消,从居民的生活逐渐淡出。笔者采访的居民对此事多是表现出忧伤和难过心情,那种心理的创伤一时还难以修复,他们觉得自己找不到自己心灵依托的地方了。在2013年农历12月23日以及2014年农历正月初一,高碑店村高跷会甚至自发组织会员到大街上为高碑店居民进行免费走街表演,但终究因为冷清的街道、稀少的人群而草草收场。"城中村"居民对传统体育的心里诉求也正在面临着被剥夺的局面。另一方面"城中村"部分居民受到现代体育观的影响,使一些现代体育项目在"城中村"开始兴起,表现在对他们子女的体育教育培训上,一般家庭只要能支付得起孩子的体育培训费用,都会送孩子从事一到两项的体育项目训练,为自己的孩子真正融入城市社会作准备。

还有在"城中村"生活的真正主体——外来工,他们的体育参与也因其占有的经济资源和社会文化背景不同,被分成各个阶层,只有那些受过良好教育以及占有更多社会资源的人,才能真正参与到体育活动中来。"城中村"是外来工的落脚地,大部分外乡人,被排斥在这个城市的体育公共服务体系之外。他们参与体育活动,要比"城中村"土著居民还要难。而城市的繁荣发展,却离不开他们的奉献。他们应该和城市居民平等享受城市化过程中的体育成果。而在"城中村"一个族群的城市化、现代化过程的成功案例,证实了体育对人的全面发展的培养具有不可替代的重要作用。因此,随着城市的发展,需要更多的体育资源配套,依托"城中村"体育环境资源,围绕"城中村"建立的具有健身、休闲、娱乐、知识、参与等功能的公共体育场所、设施,对于推动建设现代化国际大都市和体育基本公共服务均等化目标的实现,以及促进"城中村"居民市民化,具有战略作用和深远意义。体育公共服务的供给要具有普遍惠及性,把体育权利转化为具体的体育利益,通过体育公共服务的均等供给实现公民体育权利,使每一个公民都能享有改革开放带来的社会成果。也就是说在体育公共服务的供给中,体育资源的配置应该使城市社区体育及"城中村"体育协同发展,体育公共服务产品应该为全体公民所享用。①城乡一体化进程,是指物质和精神产品突破地区的束缚,影响到整个城市的各个角落的生活,也包括"城中村"。这个过程是一个长期的、起伏发展的历史现象,是一个体现社会关系和交易的空间组织变革的过程,此过程可以根据广度、强度、速度以及影响来衡量,并产生区域间的流动与活动交往与权力实施的网络,在漫长的历史演进中,体育在城市和乡村中蔓延和发展。传统体育文化的复兴,新兴体育文化的出现,体育群体的整合,在"城中村"正在发生,国家应该倡导城市体育的平衡发展,促进多元化体育文化的发展,以强化地区的差异和"他者"自我认同感。

体育在提高人民身体素质和健康水平、促进人的全面发展,丰富人民精神文化生活、推动经济社会发展,激励全国各族人民弘扬追求卓越、突破自我的精神方面,都有着不可替代的重要作用。

① 刘鹏. 完善公共体育服务体系要准确把握诸多理论和实践问题[N],中国体育报,2021-11-28.

5.3 "城中村"体育存在的问题及原因

5.3.1 存在的问题

5.3.1.1 体育保障问题

"城中村"体育发展的自发无序行为,给"城中村"带来了很多社会问题。有关"城中村"居民的体育观念、参与的体育组织、选择的体育内容、体育经费来源、体育空间的占有、参与体育方式等方面与城市居民的体育比较都存在着较大差异,这是一个不争的事实,它说明城市发展过程中,"城中村"居民基本的体育公共保障问题被忽略掉了。笔者在调研中,发现"城中村"居民对于城市户口需求并不旺盛,居民不愿意把自己的户口变成城市户口。一些居民告诉笔者,要那个户口有什么用?什么待遇和保证都没有,土地没有了,也失去工作机会了,如果是农村户口,大队还给安排一个工作呢。相对于居民身份,"城中村"居民更希望村子里有公共体育场馆设施,这种需求远远超过了对公共医疗以及对图书馆的需求,"城中村"大多数居民认识到,只有通过体育锻炼,才能提高自己的健康水平。

但是"城中村"居民是中国传统户籍制度下的一种特殊的身份标志,在现行制度框架下不能取得与拥有城镇户口身份的劳动者平等地位并享受相应的权利。以户籍制度为核心形成的社会保障制度、就业制度、管理制度等都会影响"城中村"居民的体育权益。

这种制度表现在"城中村"居民生活的方方面面。而恰恰是户籍制度的差异性,才造成了城市公共体育资源分配首先考虑城市市民的体育需求而没考虑到"城中村"居民对体育需求,由于体育资源的稀缺性,城市整体规划中,忽略了"城中村"体育资源的配置,居民参与体育可能因为这种不平衡的配置制度而排斥在体制制度之外。恰如笔者在文章前面所述，一些学者认为"城中村"没有体育，也不应该有体育，因为生活在"城中村"的居民不懂体育也不会体育，即使建立了体育场地也是浪费资源。这种观点和"城中村"居民对体育的需求形成了鲜明的对比。社会保障制度是由国家通过法律实施的、以国民收入再分配的方式为全体社会成员的基本生活提供安全保障的一项基本制度，是每个公民都应当享有的权利。城市市民可以享受养老、失业、医疗保险、最低生活保障，以及基本的体育公共服务保障，而在"城中村"由于城乡二元社会结构的存在，使得一些"城中村"居民无法享受到最基本的保障措施，被排斥在社会保障体制之外，从而失去了享有社会保障的基本社会权利。一些"城中村"没有专门体育管理部门，村子组织的各种体育活动，都是村子里特定利益集团的体育活动，大部分居民都被排斥在体育之外。而"城中村"外来工居民居住地较为分散，工作流动性大，很难进行体育组织和管理。而城市社区体育管理基本上没有包括"城中村"居民体育。

"城中村"体育投入匮乏主要表现在经费投入上。因为体育不是居民的主要生活方式，上级部门对于"城中村"体育投入的经费非常少，体育经费的来源多是村子自筹。村子组织的各种体育比赛以及场地的使用都排斥外来工居民，他们认为当地人还没钱组织比赛，拿什么给外地人用呢？当地人都没地方去锻炼身体，哪有地方给外地人去锻炼身体呢？"城中村"居民的工作往往没有正规的合同，收入水平低下、工作条件恶劣、缺乏劳动保护，而且经常被拖欠工资。如今，城市就业形势更为严峻，许多单位纷纷把工作的门槛提高，"城中村"居民被挡在了大门之外，成为被排斥的对象，况且"城中村"居民在劳动力市场的边缘化使其面临着更高的失业风险，再加上缺乏基本的社会保障，致使"城中村"居民经济收入处于较低的水平，成为城市中的弱势群体。大部分人根本没有时间和精力去参加体育锻炼。体育消费作为较高层次的享受和发展需要，要有一定的经济基础。城市中许多体育空间都是收费场馆，"城中村"居民经济收入的落后又制约其体育消费的发展,大部分居民除了满足最低的生理需要(衣、食、住、行)之外,根本没有过多的财力像城市居民一样去进行体育消费。

5.3.1.2 体育能力不足

首先,相对城市社会,"城中村"体育文化是比较传统和滞后的,"城中村"居民参与体育社会文化活动的意识和体育观念与城市有很大差别。"城中村"的体育文化活动站点极少,而且分布很不均衡,且长期处于无组织状态,这在客观上影响居民的体育文化素质的提高。其次,"城中村"居民遭受到城市居民的偏见或歧视。城中村"居民期望融入城市生活,但仍不能去掉"乡巴佬"的称呼,"城中村"流动人口被贴上"盲流"标签而遭受歧视,这些社会排斥严重损伤了"城中村"居民参与体育的自尊心。长期的城乡隔离和城市的优越地位,使得城市市民心理上产生了一种排斥居民的心态[①]。另外,一些大众媒体对"城中村"居民的负面报道也会在一定程度上影响"城中村"居民的形象,加深市民对"城中村"的偏见和歧视。"城中村"体育文化往往是落后、传统的代名词,"城中村"居民想要融入城市生活,不管主观上是否愿意接受城市都必须要转变原先的体育价值观念和体育生活方式,这个过程本身就是一种潜在的文化排斥现象。由于"城中村"居民缺乏从事体育锻炼的必要技能,不懂得规则、方法,缺少社会体育指导员和体育健身组织的宣传和指导,自己也不愿主动去学习,使"城中村"居民参与体育被排斥在城市体育之外。

5.3.1.3 体育不平等问题

(1)体育空间的剥夺:来自邻村的纠纷

四个"城中村"中,其中一个村集多种现代大型体育场馆和场地于一体,以丰富体育项目、一流的服务水准面向城市居民展开了怀抱,它的体

---

① 胡杰成. 社会排斥与"城中村"居民的城市融入问题[J]. 兰州学刊. 2007(7):87 – 90.

育产业也推动了该村的经济发展。这是乡镇整体规划发展小镇化的主要战略目标,是集中资源优势优先发展某一个村子,创造品牌的结果。但其辉煌发展的表面背后却是对邻村土地的剥夺,这种剥夺是强制性的。主要表现在三个方面:一种是不公平和不合理的补充标准,农民的土地被乡镇政府统一收回、统一管理、统一规划,却给这些村子居民很少的补偿回馈,甚至有的居民还不知道发生了什么,土地就莫名其妙失去了。二是这些被剥夺土地使用权的居民社会保障机制缺失,也就是说他们失去土地、失去劳动同时却没有任何社会保障。三是这些被强制剥夺的土地,他日却都成了××村的土地,使用权归了××村了,××村修了大型的体育场馆进行产业开发,而与被征地村的居民毫无关系。其中一被征地的居民告诉笔者因为××村的村长就是乡镇的镇长,因为他具有双重的身份和私人便利,一切发展都是以乡镇统一规划为借口,优先发展他自己所在的村,而把其他邻村的土地剥夺,使用权归××村,开发体育产业,这种土地使用权的剥夺其实是对邻村居民体育空间权利的剥夺,直接激化了社会矛盾,这种矛盾集中体现在邻村居民对××居民的不满,有关体育空间使用权的纠纷经常发生。笔者在该村考察各种大型体育场馆的分布及使用情况时,邻村的一个居民带着笔者进入该村的体育场馆,却因没有买门票和体育管理人员发生冲突。该居民认为这块土地原来是他们村子的,凭什么他进去还要买门票?管理人员认为他们是承包的,任何人进去都要门票,凭什么你不买门票?而笔者在该村调研中,这样的纠纷会经常发生,一种体育空间的排斥无声无息中就在居民中间产生了。

（2）外地人不得进入

另一种空间的排斥,更是根深蒂固。表现在两个方面:一个方面是"城中村"当地居民对外来居民的排斥,一个是"城中村"土著居民和外来工居民又普遍受到城市市民的排斥。在"城中村"大量的外来居民都居住在条件简陋、地位边缘的出租屋里,与"城中村"土著居民在居住空间上相对隔离。外来居民以血缘和地缘为基础建立起较为封闭的亚文化社会空间与城市空间主动隔离,很难融入周围的主流社会体育公共空间①。而"城中村"的体育公共空间,对于外来工居民也是排斥的,造成了"城中村"外来居民根本没机会参加体育活动。

一个比较典型的例子就是,在"城中村"的文体活动室,只允许当地的居民进入,而禁止外地人入内。每一个村子在文体活动室都有一个看门的人,监视着过往的外来人口,即使参与调研的笔者也被阻止在外,不允许进入。

高高在上的"城中村"当地居民每天用鄙视的眼神看着外地人,自己却整天无所事事。而他们自己又受到来自城市市区的体育公共空间的排斥,由于他们自身体育能力的不足,使他们不能融入城市的体育空间中去。"城中村"大多活动室是一些打麻将、打扑克的居民,还有一些居民赌钱,一些居民拿着酒壶喝点酒等。活动室的羽毛球、乒乓球场地通常都是空无一人,空地上一些孩子在玩耍。在一个村子调研时一个阿婆告诉笔者,那些传统的乡村体育生活方式,已经渐行渐远了,外面的人行色匆匆,里面的人慵懒无聊,相互瞧不起、看不上,不交流、不信任。体育空间的排斥,阻碍了"城中村"居民与城市居民的交往和互动,导致了群体间的人际网络隔离,无法建立起与城市居民相融合的生活圈②。这种在体育公共空间的相互排斥,在"城中村"是一种普遍现象。

5.3.1.4 体育公共空间的缺失

体育公共空间的缺失在四个"城中村"是一种普遍现象。所谓公共空间是指那些供城市居民日常生活和社会生活公共使用的室外空间。它包括街道、广场、居住区户外场地、公园、体育场地等。根据居民的生活需求,在城市公共空间可以进行交通、商业交易、表演、展览、体育竞赛、运动

---

① 江立华,胡杰成. 社会排斥与"城中村"居民地位的边缘化[J]. 华中科技大学学报(社科版). 2006(6):112 – 116.

② 郑功成,黄黎若莲. 中国"城中村"居民问题与社会保护(下)[M]. 人民出版社. 2007:443 – 445.

健身、休闲、观光游览、节日集会及人际交往等各类活动。公共空间又分开放空间和专用空间。开放空间有街道、广场、停车场、居住区绿地、街道绿地及公园等,专用公共空间有运动场等。① 笔者在本节讨论的体育公共空间是一种专用空间,即专门为"城中村"居民参与体育活动的体育场所。廖方在《城市公共空间层次结构探讨》②中认为,城市空间具有宏观、中观、微观三个层次结构。宏观层次定性,中观层次细化定性并初步定量,微观层次细化定量。从宏观层面看,四个"城中村"在改造发展中,并没有考虑体育公共空间的整体规划,四个村庄唯一称得上体育公共空间的区域应该是分散在居民生活区的几块大众健身路径和文化活动中心里几个乒乓球和台球台子,就更不要说从中观和微观层面考虑细化和量化的问题了。然而即使这样的体育公共空间,也与居民的体育活动处于割裂状态。一方面,由于缺乏体育社会指导员的指导,"城中村"居民并不会使用这些健身器材,致使体育健身器械体育功能弱化,居民通常把这些靠近家门口的健身器材当作晾衣服、晒被子以及歇脚的地方,而各村子里文化活动中心平时都关着门,只有上级领导来检查时,文化活动中心的乒乓球台子和台球台子才被人打扫干净,几个人在那里打乒乓球给领导表演,等检查的人走了以后,又恢复原样。另一方面,居民自发的体育活动大多要自己寻求场地,也不会到健身器械上健身,大多数居民认为这些地方太偏僻,不聚人气而不愿意去,"城中村"的健身器材成了少数居民享用的场地,即这一小部分人享受了国家为他们提供的、成本最高的免费歇脚地和晾衣服场所。

无可否认的是,这些体育公共空间弥补了"城中村"缺少体育公共空间的遗憾,但大多却流于政绩工程、形象工程,与民众的体育生活毫无关

① 吴志强,李德华. 城市规划原理(第四版)[M]. 中国建筑工业出版社. 2010,09:156 – 157.
② 廖方. 城市公共空间层次结构探讨[J]. 规划师. 2007,(04):15.

系。"在一个非人格化的陌生的都市空间里,人们的交往已经丧失了传统社会的地缘与血缘纽带,而按照一种新的规则进行。这种新规则,不再是寻找共同的历史根源感,而是取决于多元复杂的公共空间。我们并非生活在一个我们得以安置个体与事物的虚空(void)之中,而是生活在一组关系之中,空间变成社会关系的再生产的场所。"①在都市化的过程中"城中村"的熟人纽带关系已经断裂,因此公共空间对"城中村"居民来说,就显得尤为重要,而体育公共空间在"城中村"的需求也是最旺盛的。居民极其渴望有一个这样的场所能满足他们锻炼身体以及进行情感交流的需求。也就是说,如果有一个集中场所提供给居民进行锻炼身体,那么"体育扰民事件"就不会发生。然而一旦空间具有社会性,空间就变成了社会关系的现实化和物化(商品)。在"城中村"中,优质的体育公共空间由于私有化而产业化了,这些体育空间的昂贵消费性,让许多居民被排斥在体育之外。一些居住在"城中村"的外地青年把自己的体育生活转移到了网络,即通过一个网络平台预约比赛,来实现自己参加体育锻炼的目的,比如文章前面介绍的 BBL 篮球限高联赛网站。这种行为虽然是个别行为,但它预示着体育网络公共空间是"城中村"居民获得体育信息资料和交流的新平台。显然这种网络空间在"城中村"居民中也是缺失的,没有村委会会为居民提供任何意义的体育咨询,更不要说建立体育信息网了。福柯②认为,现代都市正处于一个同时性(Simultaneity)和并置性(Juxtaposition)的时代,人们是通过点与点之间互相联结、团与团之间互相缠绕的人工建构的网络空间,而不是传统社会中那种经过长期演化而自然形成的物质存在。网络体育公共空间,赋予这个社会上的所有人(不论性别、出身、户籍、政治身份)以平等的身位,也是消除城市与农村、

---

① 许纪霖. 都市空间网络中的中国知识分子[N]. 文汇报. 2004 – 04 – 28.

② 包亚明. 都市研究的理论与意义 [Z]. http://www.chinacity.org.cn/cstj/zjwz/70986.html.

强势与弱势等群体之间日渐扩大化的差距,每个人只要热爱体育,都有平等享受体育的权利。

5.3.1.5 现代体育排斥

四个"城中村"体育表现出来的另一个共性就是"城中村"体育与现代化的断裂,这种现代化形态的断裂表现在三个方面:传统体育与现代化的断裂、"城中村"体育与城市体育的断裂、个人体育与现代化体育的断裂,这些断裂造成了"城中村"弱势群体体育权利贫困。笔者在分析高碑店村"高跷会"在历史变迁中几次起落的原因时,认为高跷会缺乏创新能力以及现代化适应能力是其中一个重要原因。一个正真有生命力的体育项目得以传承和发展,项目自身的创新能力是促动其发展的根本动力。高碑店村"高跷会"大约有100多年的历史了,在民国时期,无论是在参与的人员角色定位、走街表演形式,还是在动作技巧与技能都进行了创新,因此高碑店村高跷会,民国时期曾名噪一时。而从中华人民共和国成立以后至今,高碑店村的高跷依然保留民国时期的走街形式,100年过去了,时代发生了剧烈变迁,而踩高跷的人依然画着花脸,穿着长袖,日复一日的走着一样的步调,一直没变过。"高跷会"是依托庙会而存在的一项体育花会表演项目,当具有宗教意义的庙会消失时,那么它的衰退也是必然的。高跷对于"城中村"的居民来说,是一种心灵寄托,在"城中村"中,大多数居民都或多或少有过踩高跷的经历,因此高跷是联系居民的一种强纽带。高跷文化的衰落对"城中村"居民来说几乎是一种无法愈合的伤痛,而新的现代体育文化在"城中村"还没有形成,这种传统体育文化的现代化断裂,引起"城中村"弱势群体体育权利贫困。另一个方面是"城中村"体育与城市体育的断裂。"城中村"大多数居民认为自己从事的体育是农村体育,拒绝接受任何现代意义的竞赛体育活动,比如对村委会组织的各种现代意义的体育运动会(除了那些既得利益团体支持之外),几乎所有的居民都是反感的。他们更热衷于节俗庙会的各种体育花会表演。虽然在"城中村"当地有一部分人曾经有过学校体育的经历,但他们对自己体育的身份认,也是模糊和混沌的,是介于城市体育与农村体育的中间。城乡二元结构使他们隔离城市体育之外,而他们又把自己隔离于城市体育之外,在这种主客观隔离的状态下,"城中村"体育和城市体育的断裂产生,在这个过程中,许多矛盾是难以融合和同存的。比如,"城中村"极度贫困群体破坏体育健身器械现象等。另一种断裂是"城中村"居民个人从事的体育活动与现代化的断裂。在"城中村"中,个人与现代化断裂实质上就表现在个人的现代化与社会的现代化、个人发展与社会发展的关系上。在四个"城中村"凡是有良好环境的体育空间都以盈利性为目的,这种体育空间的服务对象是城市居民和居住在"城中村"的富人,而大部分"城中村"居民是被排斥在外的,加之个人对体育的认知不足,造成"城中村"大部分居民参加具有现代意义的体育项目几乎是不可能实现的。当排斥性、非同步性的现象超过一定的程度时,断裂就形成了。

城市化、城市现代化和社会整体现代化的核心是人的现代化。城市化的本质是城市生活方式和城市文明的普及。"城中村"体育与现代化的断裂,使"城中村"居民被隔离在城市之外,同时他们又失去土地,不具有农民的身份,也被隔离在乡村之外,他们游离于城市和乡村之间,造成极度的恐慌和不满。他们虽然在经济条件上好于农村人,甚至有一部人经济条件好于部分城里人,但由于自身素质的原因又不能找到工作,他们是一群无所事事、被社会排斥的一族,与现代化良好的生活方式断裂。

塞缪尔·P. 亨廷顿认为"现代性孕育着稳定,而现代化过程却滋生着动乱。产生秩序混乱的原因,不在于缺乏现代性,而在于为实现现代性所进行的努力"。① "城中村"体育现代化实现路径的断裂,让"城中村"一些居民只能选择消极的休闲娱乐方式来打发过剩的精力。当种种制度

---

① 塞缪尔·菲利普斯·亨廷顿著,王冠华译. 变化社会中的政治秩序[M]. 上海人民出版社. 2008;37-38.

设计使"城中村"规定在一定的范围之内时,那么生活在"城中村"的居民只能选择制度规范内的娱乐方式。城乡二元结构的管理模式的制度壁垒,最终阻碍"城中村"居民体育与现代化联系,即他们的体育实现现代化的路径被割断了。2012年世界上一些国家的动乱,如利比亚等社会变迁的事实证明,不论经济总量的提升,还是人均国内生产总值的提升,其与现代化指标如何接近,如果没有政治的现代化、制度的现代化和人的现代化,那么其他任何形式的现代化都只能是引发社会动乱的代名词。[①]体育的现代化直接影响"城中村"居民体育生活方式的现代化。因此从某种程度上讲,"城中村"体育现代化的断裂,阻碍了"城中村"居民向市民的转换步伐。

5.3.1.6 城中村"体育自发、无序

"城中村"体育多是自发无序行为。这种自发无序行为表现在三个方面:一是体育公共空间建设的无序和混乱;二是体育组织的无序和杂乱丛生;三是居民参与体育活动自发和散乱。

空间结构的自发属民间非官方管制领域,是一种民间场合。"城中村"体育空间建设布局的杂乱和碎片化使体育公共空间很难发挥其实际成效。在"城中村"居民生活空间的大众健身路径,散乱地分布在居民住宅区死角中,由于偏僻,少有人问津,造成场地器材使用率非常低。还有一种体育公共空间,距离居民住宅区比较远,居民步行至少要花半个小时的路程才能到达目的地。如果说曾经这种空间结构的建设是基于时代发展的局限和限制,即城市化的迅速扩张造成的"城中村"体育公共空间建设规划整体无序,其潜在的负面影响还难以被人们清晰意识到,或者说是在迫切快速城市化发展的强烈愿望下,人们有意无意地忽略了"城中村"体育公共空间规划无序的负面影响,那么在"城中村"改造基本完成,"城

---

① 邵颖萍. 中国城市现代化的内涵与核心[Z]. 中国权威经济论文库·中经评论子库. 2012
   – 12 – 26.

中村"正在城市化的过程中,其经济社会发展到了今天,当建设社会主义新农村目标进入发展者的视野之后,这种自发无序的空间建设发展所带来的负面效应,便再也难以忽视了。我们可能注意到近几年来,尤其自2013年以来,新闻媒体报道的广场舞"泼粪"①"开枪""放藏獒"②等现象,其实就是整个城市在规划过程中,体育公共空间建设的无序造成的。而且这种现状也绝不是城市社区仅有的现状,它正在"城中村"发生。中国居民由于少有民主习惯,在大多数公共空间里,自行其是的行为经常发生,一般都缺乏以理性行为利用公共空间来实现自我价值,很少用协商的手段来解决存在的问题,在公共空间我行我素是一种普遍现象。"城中村"体育公共空间建设的无序和混乱性,造成了"城中村"居民公共休闲生活的贫瘠,有相当一部分居民依然保留传统乡村的娱乐生活方式,即打麻将和棋牌等。"城中村"体育另一种自发无序行为表现为体育组织的杂乱丛生。如笔者前文所述,在"城中村"中除了有嵌入在各村村委会的体育社团是有计划的体育组织之外,民间体育组织、体育培训机构和非法体育组织都是民间自发性的。这些自发性体育组织一方面满足了"城中村"各个层次群体参与体育活动的需求,在增强"城中村"不同群体的身体健康,促进不同群体社会交流以及增加社会感情方面,具有很重要的意义。但另一方面,由于其活动松散性、活动场所流动性、自律机制缺失性,又构成了潜在的不利于社会稳定发展的因素、邻里之间的纠纷等问题。

　　转型中"城中村"体育的自发无序行为,恰恰反映了作为"城中村"体育行为主体的能动性,它彰显了被城市边缘化群体的体育需求和体育个

---

①　2013年10月23日,在武汉某小区广场上,一群人正在音乐声中翩翩起舞,却突然被从天而降的粪便泼了个满头满身。记者调查后得知,原来是楼上的住户不堪噪音的长期干扰,加上多次交涉无果,最终采取此举泄愤,一时之间以"武汉大妈跳广场舞被泼粪扰民是个问题"为题的新闻报道铺天盖地引起社会广泛关注。

②　2013年11月6日,北京某小区由于邻居跳广场舞放音响过大影响了自己休息,56岁的施某拿出家中藏匿的双筒猎枪朝天鸣枪,还放出自己饲养的3只藏獒冲散跳舞人群,结果造成自己被刑拘。

性化的张力,具有鲜明的结构化特征,是一个明确的社会信号。"城中村"体育的自发无序行为表明:新的体育利益格局在形成,新的体育社会规范在缔造,新的体育社会力量在成长。这种参与体育的自发无序行为,虽然是促进主体能动性的必要条件,但又是其限制条件,如果任其蔓延则会造成"城中村"体育发展的混乱和失范。但"城中村"体育公共空间失功能性,造成健身群体无健身空间的尴尬,他们只能在生活空间的某一空地进行,又加之体育组织的自发无序和失管理性,这样就产生了"广场舞扰民"现象,让本来就狭窄的生活空间更加拥堵和嘈杂,邻里纠纷经常发生,"城中村"健身群体有失责任的锻炼行为,让周围的居民经常苦不堪言。

采访对象介绍:C7,牛××,男,45 岁 ,大学毕业。职业:职工。采访地点:南宫村某一社区 2013 年 9 月 17 日。

"这些老太太,天天如此,谁受得了? 那边有个公园不去,非在村子里,早晨 5 点就开始闹哄哄地,也没人管管,他们无所事事,我不还要上班嘛,好不容易周末,要好好休息一下都不能,一大早就把人吵醒了,长期下去要得神经衰弱了,管一管吧。"

采访对象介绍:B10,季××,女,56 岁,初中毕业。职业:退休工人。采访地点:树村 2013 年 3 月 17 日。

"一到周末,这些孩子大中午的就跑出来了,也不让人午休,现在这孩子都不好管,我们那个时候很听话,你看现在的孩子爬树、登高的,门前这棵树,都快让这帮孩子祸害死了。有时候晚上也闹很久,说了,家长都不乐意,这样下去小孩一点公德心都没有,就在这么窄的过道踢口袋、跳格子、滑轮滑,有时候行人从这条路上过,经常被口袋砸了,被滑轮滑的孩子给撞倒了,就是没人管,太乱了。"

5.3.2 原因

5.3.2.1 政府管理缺位

"城中村"从它诞生之日开始就是多方利益的角逐之地。在"城中村"形成之初,一种以开发商和富人的利益联盟,形成了一种特殊社会排斥机制。这些特权阶层和富人在"城中村"优先获得机会、拥有更多权利、影响规则制定,并在这一过程中进一步强化自己的权利。之后在"城中村"改造过程中,又形成了以社会学家、经济学家、民俗学家、教育学家,城市规划者、环保部门、建筑部门等为中心的新的利益集团,各个群体纷纷参与到如何改造和发展"城中村"这场话语权的争论中来。使"城中村"的问题逐渐超越了一个个小村落的地域范畴,进入了公众视野成为被广泛关注的社会政治议题。国家越来越意识到"城中村"的发展对城市化的重要性。不同利益群体通过各自的利益表达机制来影响和参与国家公共政策的制定。显而易见,正是在这场话语权和实践的推动下,位于不同地理空间的人和组织,以一种看不见的方式被联结起来,各个利益集团通过这种互动关系影响着政府决策。因此带着这些利益群体话语权的大规模"城中村"改造,在北京轰轰烈烈地开展起来。在笔者调研的村子,可以清晰地看到不同群体话语权留下的痕迹。比如,××村的郊野公园和绿化隔离带。××村的民俗文化一条街和餐饮文化一条街,××村的过渡安置房,以及各个村子的文化活动站,都是不同群体利益表达的结果。笔者认为"城中村"改造之争反映了现代化转型中"多元参与群体"关于"城中村"如何"城市化"观点的冲突,同时也是这些群体相互制衡的利益之争和权力之争,对"城中村"土地资源产生的利益需求通过"城市化"的概念进入国家政治生活的公共领域,在话语权后面的多元群体利益被很好地隐藏起来。而事实的结果却是公园荒芜,又因管理上缺失经常发生刑事案件而无人光顾,笔者在调研不到一年的时间,在公园就发生两起命案。绿化带里到处是垃圾和污水,塑料袋子满天飞。餐饮一条街、民俗文化街,一排排房子商户寥寥,安置房已经破落不堪,各种村子的文化活动站都成了赌博的公开场所。各利益集团在"城中村"改造过程中粉墨登场,在得到了利益之后,都消失匿迹了,进而转向下一个即将改造的"城中村"。而如何实现人的现代化问题,却被忽略了,在"城中村"整个改造、发展的过程中,最应该发言的体育部门始终是处于一种失语状态,体育部门话语权的放弃,造成了"城中村"居民真正意义上体育权利贫困。正如前文所述一样,在"城中村"居民对体育场馆的需求要远远大于对图书馆、文化馆等其他基础设施的需求,甚至有的居民告诉笔者说:"你看现在村子这么美丽,可是和我有什么关系呢? 我很不幸福,我要健康,我要心理上的安慰可是谁真正管过我们呢? 没有,我讨厌这一切。因为我不快乐。"体育对于人的促进作用,在这里笔者不再一一陈述。但"城中村"体育的贫困从某种角度上也影响了居民其他方面的贫困。

5.3.2.2 价值观的偏离

"城中村"体育问题的产生不仅仅是因为缺乏强有力的、权威的监管机构,以约束、平衡、仲裁各种利益关系,更重要的是在我们的内心深处迷失了价值的判断,缺少了道德的自律,放弃了精神的坚守。在众多的利益主体不受约束的资源开发活动中,"城中村"这块城市化的黄金地带,寸土如寸金,每一块土地,在各个产业集团的眼里,都意味会带来丰厚的经济价值。下面一段话是笔者采访某一干部说的话,可能会更能真切的反映这一事实。

采访对象介绍:D3,王××,××村,男,52 岁,村委会职员,中学文化。采访地点:村委会楼下。采访时间:2013 年 7 月 19 日。

"即使国家给我们村子拨款,我们也不会建任何的体育场地。就是给我们体育设施,一切都是免费的,我们村子也不要,你说我也要有地方放啊? 我放在哪里呢? 它要占用我们村子很大一块地方,我们村子是城市规划的中心地带,一块土地要商业开发,能给我们村子带来多大的经济收入? 你给我弄一大堆这些玩意,不但占用我们村子公共资源,日常还要有人来管理维护和维修,一旦出现事故村委会还要给人赔偿,你说我们村子能要吗?说直白一点,我就是随便划一块地当停车场,我每天还能收点停车费呢。原来我们村子有篮球场两块,网球场两块,规划用地都拆了,更不要说再新建了,不会要的。除非某领导喜欢体育运动,那才会有可能要,否则不可能为村民建体育场所的。"

采访对象介绍:D5,李×,××村,男,52 岁,村委会职员,中学文化。采访地点:村委会楼下。采访时间:2013 年 7 月 21 日。

"我们是活生生的例子。我们那个地方根本就不让参与体育活动,我说的是非常客观的,要看村里主要领导喜好什么。你这个领导喜欢扭秧歌,准会大力提倡到处都是一片一片的。我们那个体育运动会,拔河、打乒乓球,得参与,要不他扣分,现在是五项。如果村民非常愿意体育活动,特别渴望出去打比赛,我们也让他去。我们村子扎花舞还得过二等奖呢,现在主要的适可而止,意思就是你能参与一下就行了,你拔河我们都没人使劲,送你参加去吧,真要拔河你摔倒了,住院去可就赔大发了。我们这儿发生过,长跑那个哥们,人家跑没事儿,他跑把腿弄拐了,去住院我们花了四五千啊。我们怀柔县有三四个高尔夫球场吧,都是外商去,村民没一个能进去的。它收费啊,那都是高档的。我不去,打不起没钱。那是会员制。我估计我在里面打一场就要花费我一月工资。一万估计也就打个三四次就没了。"

对"城中村"居民的身体健康的集体漠视体现在某些政策中,反映在思想观念中,表现在行动中,其结果就是"城中村"居民的健康遭到侵害,生存权遭到侵犯发展权遭到藐视,人的存在是一起事物发展的基础,一切发展都是以人为本,人才是整个社会发展的中心,一个地区的良性发展不应该是建立在损害大多数人健康的基础上进行。

5.3.2.3 体育空间产业化

"城中村"居民体育资源使用权的贫乏主要表现在体育空间的侵占、体育资源的剥夺和空间拥有权利的剥夺。"城中村"体育公共空间是城市空间的重要组成部分,因社会地位与经济收入不同居住空间的分化是客观的。居住区空间的分化与隔离主要是社会等级结构的外在体现,实质上是人与人、社会群体与社会群体关系的反映。四个"城中村"居住区空间结构虽然具有各自的模式特征,但所蕴含的社会阶层关系却具有相似性,两者构成了居住区空间形式与内容的辩证统一。这种社会阶层关系随着"城中村"经济的发展,其主导因素也发生变化,从原来传统家族政治与宗教因素逐渐过渡到个人经济因素。家族及乡村绅士文化的衰落,使"城中村"的公共空间也逐渐失去了其社会意义,随着经济阶层的划分,公共空间逐渐产业化。也就是说,"城中村"公共体育空间的产业化,造成大部分"城中村"居民体育参与被排斥在体育空间之外,产生了体育不平等。

采访对象介绍:C5,浩××,南宫村居民,女,40岁,无业,小学文化,农转非。采访地点:南宫村文化广场,采访时间:2013年9月15。

"原来我们村什么都有,有秧歌队、旱船队、高跷,现在都没有了。原来在大队院子里边有场地,天天晚上敲鼓,这么大的鼓。现在都没有地方了。现在,一部分人去跳交谊舞,跳交谊舞的地儿就在马路边上。我们村子有体育公园,就是不让进去。挺漂亮的,而且还特舒服,体育公园谁去谁花钱。门票要十块钱,其他场地要单独收费,还有个游泳池。也花钱,一般晚上40元/小时,白天158元/小时。都是花钱的,不是免费的。有篮球场、足球场,那都是花钱的,全在体育公园那儿了。原来我们家门口有一个健身器材场地,我们家附近有三处,都是健身的,现在都拆了。就是马路边那个,说是要征地,也有人说违章建筑,你说四周没有墙什么的,什么都没有,健身的地方是违章吗? 说过一段时间再给装上,之后就再没有给村民提供健身的地方了。在文化中心里边有个设施也不让玩。一个乒乓球馆,大队内部自己人玩,大队锁着门,不让进去。说是怕玩坏了,还要维修。每年春节,会写几幅对联,给村民发对联,可是玩的设施一点都没有。平时就是溜弯、打牌、打扑克、玩麻将,或者全都在家待着。周围中学都有体育设施,暑期的时候也不对外开放,他们那个体育设施,挺好的。"

健康公平指所有社会成员均有机会获得尽可能高的健康水平,这是人的基本权利。为此,健康权是人权的重要组成,用体育的方法获得健康应该成为人权不可缺少的一部分。体育空间的产生化是造成体育公开空间缺失的根本原因。它使"城中村"居民体育参与机会的缺失,让"城中村"居民没有平等参与体育权利,从而剥夺"城中村"居民的健康权。

5.3.2.4 社会解组现象①

依据莫顿理论,当个人或群体目标无法通过现有的正常条件实现的时候,社会就会发生问题。社会之所以能够正常运行,一是目标,即在某种社会或文化中为人们所追求的事物;二是规范,即该社会或文化所规定的、实现上述目标的合法手段。在理想状态下,社会机会结构为人们实现这些目标提供了较充分的合法手段。当机会与目标协调时,社会问题很少发生,而机会与目标之间发生矛盾时,如积累财富的目标与致富机会有限的矛盾。这样,许多很难通过会认可的合法途径去实现目标的人就有可能违反规范,或认为没有必要遵守这些规范,于是发生社会解组现象。

城市化,引起了农村社会资本的衰落,使得社会控制能力降低,草根组织的发展,需要政府规范、加强。无论是体育当局多么重视竞技体育的政治功能以及外交功能,都不能无视生活在底层社会中这些人的体育生活,不能抑制这些人对体育的需求。发生在"城中村"的种种体育现象,在一直发生,将继续发生,而且总会发生,是无视它的存在,听之任之,还

---

①　迪尔凯姆提出的"社会解组"是指,社会规范和制度对社会成员的约束力减弱、社会凝聚力降低的一种社会状态。当社会发生急剧变迁时,旧的规范不适用了,新的规范又未建立起来,或某些规范功能发挥受到阻碍,或几种规范体系互相冲突,人们失去了行为准则,于是发生社会解组。迪尔凯姆的"社会解组"以强调社会道德规范的调节作用为只要特征,社会道德规范的调节作用发生了故障,从而使社会连接纽带出现了松弛和断裂。

是加强他们与社会大环境的纽带联系,会直接影响到一个城市是否健康、和谐的发展。"城中村"是城市社会的一部分,"城中村"的所有居民也是城市市民的一部分,如果通过一种居民参与的网络,特别是由居民自主组成的经济和社会团体来促进居民间的合作,可以使我国的这种社会失范行为回到正常的社会状态中,从而有利于大规模城市化变迁中的社会稳定。

在调研××村中,笔者在上文所提到的空壳"城中村",这类"城中村",只有村委会存在,而没有具体的实体村子存在,出现依附体育而建立起来的传销组织,恰恰是因为这部分人的建立的毽子草根组织,与村委会管理委员会组织结构纽带联系弱化造成的,一方面村委会本来就缺乏对居民体育活动管理制度机制。另一方面,因为该村没有具体的村址,居民散居在整个城区的各个角落,使村委会对居民的行为控制能力减弱,加之××村在居住地,他们又成为外来居民,而不在居住社区管理委员会或者村委会的管理范围之内,造成这部分居民游离于一切组织组织秩序管理之外。熟人社会的解体,问题的解决只有通过规范的控制才能实现。赫希认为社会联系是控制理论的核心概念,由"依恋"(Attachment)、奉献(Commitment)、卷入(Involuement)和信仰(Belief)四个方面组成。我们能看到无论是传销组织的体育行为,还是体育赌博的蔓延,都是因为四种纽带关系的连接出现了问题。随着工商业深入市区,人口流动频繁,社会文化日益多元化。正是这种社会转型带来的"不正常的社会"使得价值规范的连续性产生危机。这一切变化使得社会控制减弱,导致社会失范现象增加。

5.3.2.5 城乡二元结构

城乡二元结构主要表现为城乡之间的户籍壁垒,引起两种不同的体育资源配置制度。城市中体育公共基础设施,几乎完全是由国家财政投入的,"城中村"体育公共设施,国家的投入则相当有限,几乎全部由"城中村"村委会来承担。这种不同的体育资源配置情况,事实造成了户籍制度下的城市居民和"城中村"居民间存在的巨大福利差距和社会认同，使"城中村"社会空间也正向多元异质性转变，在这种兼有乡土社会与法理社会的混合社区，相对于城市化的冲击下，在休闲、工作、游戏、交通、公共设施等方面，无不涉及公共空间的概念。公共空间的有限"容纳能力"，使"城中村"公共空间也在逐渐纳入到社会理论之中。造成了客观上"城中村"居民参与体育权利剥夺。

5.3.2.6 希望踏入更高社会阶层，获得认可

凡勃伦认为，休闲时间是用来证明人的地位和声望的一种手段。在古代文化中，有些行为是高贵的，有些则不是。当然，体育休闲是值得炫耀的。因为只有那些有闲阶层，有一定社会地位，有一定经济基础的人，才能有资格和能力出入这些高级体育会所，消费这些高级的体育项目，比如赛马、游艇、滑翔伞、海上运动等。他们从事这种运动，大部分是因为他能够表明一个人可以不去从事那种不体面的劳动。在凡勃伦看来，在这种情况下，人们对时间的使用要么体现出高贵的品质，要么体现出低下的品质，原因在于，体育休闲如同商品一样能够成为财富的有效证明。

5.4　对策与建议

5.4.1　对策

5.4.1.1 对策加强"城中村"体育场地设施的建设与规划

体育场地、设施是"城中村"居民参加体育活动的主要条件。场地的合理分布是构成"城中村"体育健身娱乐的重要物质要素。国家应该为"城中村"居民提供基本的免费场地、器材。将"城中村"公共体育设施建设纳入城市体育建设规划和土地利用规划中来。同时保证"城中村"设施建设经费，加大对"城中村"的资金扶持力度。鼓励社会力量兴建公共

体育设施。依托"城中村"体育环境资源,围绕"城中村"建立具有健身、休闲、娱乐、知识、参与等功能的公共体育场所、设施,满足"城中村"居民参加体育活动的基本需求。同时实现"城中村"、城市社区、单位、企业以及学校体育场地资源共享。充分利用和创造良好体育健身环境,以及对各级各类公共体育设施的管理,扩大服务的内容,实现网络服务,实行多层次、多时段、多种优惠的多元化服务,打破城市社区与"城中村"社区的条块分割管理,实现体育公共设施资源共享。在满足"城中村"居民锻炼身体的基本条件同时,发展体育赛事文化。

5.4.1.2 建立完善体育领导机构,加强对"城中村"体育建设的领导,发展"城中村"体育组织

国家应该把发展"城中村"体育纳入政府工作范畴,加强对"城中村"体育经费的投入,有计划地发展体育组织,积极发展各种体育比赛,培养"城中村"居民健康的生活方式,实现"城中村"居民市民化转变。在城市化过程中,"城中村"处于旧有的农耕纽带断裂,新的共同价值体系还没建立的社会转型期,此时凝聚人心最好的活动就是体育运动,经常参加体育运动的人,可以很好地释放不良情绪,并从心理找到归属感。在运动中,极容易形成彼此相互约束的契约关系,约束参与人的过激行为,在比赛中,把不满和愤怒情绪转移出去,体育对抚平人的心理创伤是一剂良药。从某种情况来说,目前我国发展体育运动是维护社会稳定比较好的、成本最低的一种方式。

体育总局应该积极依据"城中村"的实际发展需要,发展城乡基层体育组织。加强社会体育指导员队伍建设和培训,积极开展全民健身志愿服务,广泛开展适合"城中村"居民的体育健身活动与竞赛。

各级政府作为体育管理者,要大力发展各种类型体育组织,营造体育文化环境,增加社会服务空间,调动社会上一切关心体育公益事业的力量,推动体育公共服务产品在"城中村"发展。依托体育组织培养"城中村"居民健康的体育方式。强调体育公共服务资源要均等公平分配。将

"城中村"居民的体育服务纳入城市社区的多元化体育服务体系之中,充分发展体育非营利组织的价值与作用,以保障"城中村"居民参与体育的实现。

村委会依据各种类型的体育组织,制定一系列组织规章制度,依据一定的奖惩措施来控制所有参与体育活动居民的行为。通过有效的体育组织,为居民组织各种体育活动,包括日常居民的体育锻炼、日常体育比赛、村子里对内对外综合性比赛、调整组织运行轨道或运行秩序等。体育健身的组织管理就是"城中村"居民参与健身活动的保障体系。村委会发展大众性体育组织、加强对体育团队的管理,帮助自发性体育团体增强自我组织和管理能力、开展体育援助服务,培育和发展体育社团,建立体育骨干培训等,以维护"城中村"社区的社会秩序和社会稳定,维持居民的正常生活以及促进社区安定团结发展。"城中村"应该依靠村委会的力量,建立一套规范的社会体育管理体系,管理"城中村"体育,从而达到"城中村"体育组织的自主整合,消除围绕体育参与方式的阶层偏见,为各个社会阶层平等进入各个体育项目提供一个制度性的环境。

5.4.1.3 加强对"城中村"居民体育知识的培训,提高"城中村"居民体育能力

体育总局、各级政府以及村委会应该对居民进行"体育教育、体育知识"的传播和培训。通过宣传体育精神,培养居民的体育意识,教育居民经常在公共体育空间参与体育群体的各种体育活动,同时为居民提供各种体育咨询服务,提供"城中村"居民的体育能力。

5.4.1.4 探索建立一个政府、"城中村"居民和社会积极参与"城中村"体育建设的长效机制

正确处理国家对"城中村"的体育扶持和"城中村"居民自我体育能力的关系,既要保证国家体育扶持资金的到点、到位,又要能够充分调动"城中村"居民参与体育活动的积极性、主动性和创造性。要使体育发展成为一种可持续行为,避免体育发展的短期行为和超前发展,研究制订正

确可行的长远发展计划,科学合理预测"城中村"居民对体育的需求,比如,哪些项目比较受欢迎、哪些人群参加体育活动等。在主体多元化、社会关系与社会利益交叠冲突的现代社会,要真正解决"城中村"体育问题,不仅要发展加大经费的投入,完善体育制度,更重要的是要进行体育理念建设。政府工作人员应该对居民参与的体育有正确、平等的认识。享受基本体育健身权是任何一个公民的合法权利。最主要的还是"城中村"居民要对自己参与体育的行为有正确认识,端正体育价值观念,形成健康、乐观的体育生活态度。"城中村"居民参与体育不能仅通过个人选择,还必须通过不同体育组织进行集体选择的方法来实现。营造一个全社会关心、支持和参与"城中村"体育建设的舆论氛围,集中全社会的力量深入持久地共同推进"城中村"体育建设。

5.4.1.5 因地制宜、切实加强对"城中村"体育建设的分类指导

我们应依据国家"十二五"公共体育设施建设规划,结合"城中村"体育发展中的不平衡性,视"城中村"体育发展的不同程度,采取不同的措施来推进"城中村"体育建设。对于像高碑店村、南宫村有很好经济基础的"城中村",应按城市体育发展的要求,依托村子的政治、经济、文化、体育环境着力推进发展具有本村特色的体育、完善基本的公共服务设施、加大村子体育公共空间的建设力度、发展具有很好群众基础的体育项目和赛事等,培养具有地方特色的体育文化,为其他地区推进"城中村"建设探索经验。同时,鼓励民间组织、企业、非营利组织的介入,开展引导组织"城中村"体育的试点工作。对于移民型的"城中村",比如树村,由于人口结构的复杂性,面临的困难和问题也比较多,在"城中村"建设中,国家要加大投资力度,满足居民的基本体育公共服务需求,充分利用周围的体育资源,联合学校、社区、企业、公共组织居民的体育活动,同时协调推进其他各项体育公共空间的使用,工作的着力点放在改善体育基本生活条件、提高居民的体育素质、确保居民实实在在能参与到体育活动上来。对于"空壳型城中村"这种没有具体村地址的村子,应该加强村子的体育组

织建设,通过发展体育组织把村民有机联系来,充分利用城市体育的公共资源定期组织居民进行各种比赛。经费来源一部分国家资助,一部分体育协会资助,一部自筹等。

5.4.1.6 加强"城中村"体育的制度建设

依据"城中村"居民参与体育活动的几种方式,应该建设"城中村"参与体育的保障制度,切实做到满足"城中村"居民参与体育的基本需求。如表5-13

表5-13 "城中村"居民参与体育的活动制度设计

参与的方式		具体描述	阻碍因素	改善办法
自发组织的各种体育活动	个人、家庭、同学、朋友、邻里	配备社会指导员以及体育志愿者指导居民正确健身	公众太多、交通不便、居民体育素质有限、村委会工作人员素质有限	设定意见交流区国家提供一定经费资助,对居民进行体育知识教育、对村委会工作人员进行上岗培训
各种体育组织的体育活动	各种协会、锻炼地点	与上一级体育协会和锻炼点联系,配给专业人员进行指导、训练和培训	管理人才、设备匮乏、经费不足、组合人员管理松散	村委会配给相关的管理人员监控管理、并帮助获得多种渠道体育经费资助、经常性组织各个协会比赛活动
村委会组织的各种运动会	民俗庙会的体育花会项目、各种涉外体育比赛	定期广泛地在村委会的公共信息平台发布消息、注重吸收民众意见、针对有争议的运动会的组织、村委会要在村子的公共网络平台进行讨论协商	大多数居民是文盲,不具备参加大型公共体育比赛的能力、村委会人员和设备缺乏、对村委会组织的各种体育运动会产生怀疑	加强体育文化以及体育素质的培养、并且长期坚持,配给相关的人员进行技术指导、尊重居民参与体育的权利,村委会设定《参加运动会的条例和奖惩办法》、实施体育运动会相关知识的培训、培养居民的体育兴趣

参与的方式		具体描述	阻碍因素	改善办法
体育公共空间里进行的各种体育活动	家庭、朋友、邻里、组织、社区间、单位和社区间等	村委会应该为居民免费提供体育公共场所的空间并规定开放时间和管理办法	村委会财力有限、村委会行政事务繁多、无暇管理体育的公共空间、村委会管理人员素质有限、居民的素质有限	设定专门的体育活动场所或者是在集体公共空间划定一个区域进行体育活动，或者专门划定一个时间段来满足居民的体育活动、建立专门的管理空间的人员负责解决因占领场地而引起的纠纷，实施对村委会工作人员及居民的素质教育

从上表可以看出,目前虽然有几种居民参与体育活动的方式,但是这些方式真正能发挥作用还需要依赖以下几个方面的变量:国家体育资金的投入、健身志愿者及健身指导员的素质、村委会管理人员的素质以及"城中村"居民自身体育素质等。

表 5-14　影响"城中村"居民参与体育的活动几个变量

影响居民参与体活动的变量	具体描述
国家投入	1. 国家投入较大财力、物力和人力建设居民参加体育的制度,包括体育场馆、体育健身器械、健身指导员的提供以及各种体育教育的培训,这样居民健身的质量和兴趣就比较高 2. 国家能否健康有序发展城镇化,依赖于"城中村"居民的健康生活方式的培养,这一过程是一个缓慢的过程。因此国家对"城中村"体育资金的投入应该是一个长期的、可持续发展的过程 3. 国家控制体育资源在"城中村"的投入,居民将丧失参与体育的兴趣

影响居民参与体 活动的变量	具体描述
健身指导员 以及体育志 愿者素质	1. 国家体育总局通过社会指导员培训计划,培养社会指导员的体育技能、体育意识、体育知识、体育自主性,协助"城中村"居民参与体育 2. 社会指导员如果维持现状、或者技术没有进步、没有足够的热情、协助居民参与体育活动没有持续性,会影响居民参加体育的积极性 3. 社会指导员如果没有职业素养或者向居民收取费用,会出现居民抵触参加体育活动的情绪
村委会管 理人素质	1. 村委会管理人员如果没有体育知识、不懂体育,会出现体育管理的混乱 2. 村委会管理人员没有责任心以及素质底下,会造成居民参与体育活动的反感情绪
居民素质	1. 居民有较高的参与体育活动的热情、体育资源的限制,会慢慢打破、居民会自己积极主动打破这些制度障碍和壁垒 2. 居民自身体育能力的低下会让居民远离体育锻炼 3. 官员的管理、制造参与体育的不公平、会让居民对体育产生抱怨心理

当然表 5 - 14 中的变量并不能代表是影响"城中村"居民参与体育活动主要变量,在"城中村"体育发展的过程,可能会出现其他变量,但是无论再出现什么样变量,上述的三个变量都是影响"城中村"居民参与体育活动的基本影响因素,因为从这三个变量中,我可以看出实现"城中村"居民参与体育的最直接有效的路径。对"城中村"居民而言,居民希望自己参加体育活动在一个稳定而延续的环境进行,他们不愿意看到像高碑店村高跷会因政治经济的发展而起起落落,因为那样他的心也是纠

结的。然而"城中村"体育的发展还会出现另一种情况,在健康有序、公开的发展过程中,居民会对村委会组织的各种体育活动产生抱怨情绪,因此"城中村"体育管理应适当出现信息不对称管理,目的是为了便于"城中村"体育的持续发展。当然发展"城中村"体育是必须的,就像如前所述的一样发展"城中村"体育有利于国家维稳,体育是国家维稳最好的便捷性工具。

5.4.1.7 加强"城中村"体育法规建设

笔者在调研的村子里,经常出现体育场地被侵占以及有外地青年破坏体育健身器材的现象,因此要根据《体育法》的规定,进一步加强公共体育设施规划、建设和保护体育责任,加大对侵占破坏体育场地设施行为的法律制裁力度。同时,要出台法律,惩治利用体育进行犯罪的非法组织,还要根据实际情况,以及社会危害的程度给予法律制裁。

5.4.2 建议

5.4.2.1 发展民俗体育培养"城中村"居民健康的生活方式

在"城中村"中最主要的民俗体育活动就是依托庙会而进行的体育花会表演,它是几千年来中国代代传承下来的对自然的一种敬畏,更多是人们表达对土地、对水、对山、对大自然的一种尊重,承袭了一代又一代人美好的回忆和心理寄托。而且这种依托庙会而进行的民俗体育花会表演,不仅可以增进"城中村"居民的身体健康,而且有利于促进居民之间的凝聚力,因为共同的信仰,也促进了外来打工者的社会融入。

5.4.2.2 "城中村"公共空间应该成为居民进行体育活动的主要场所

"城中村"公共空间是凝聚居民的主要场所。比较典型的如高碑店村漕运庙会的端午节。活动期间高碑店村居民和外地居民都聚集在高碑店村漕运文化广场,观看体育花会表演,甚至和表演队伍一起表演。这是参与的人群和受众的人群最多的民俗节日。"城中村"公共空间具有凝聚居民、为居民提供体育传统和社会文化心理支撑的作用。

5.4.2.3 发展体育运动促进"城中村"居民的社会认同。

体育的社会意义从个人层面上意味着角色、规范、交往、荣誉等内容，从社会层面上看意味着人与社会、社会组织之间的关系、人的社会归属感、种族等内容，从国家层面来看意味着文化交流和经济一体化等内容。体育的精神内涵即是实现公开、公平、公正的行为品质。它并不看重所选择体育行为的结果，而是对人格精神的追求和完善。由于体育与社会的密切关系，体育获得了发展并被赋予了一定的象征意义。"城中村"居民通过成为一个体育社会团体的一员，一个特定的社会角色或者进行一场体育表演，加固自己身份的认同感；或者作为现场或者电视观众，间接的加固自己的身份认同。一次构建凝聚"城中村"居民核心的价值观体系。

5.4.2.4 体育是应该成为"城中村"居民的基本生活方式

体育生活作为一种特定的生存状态、特定的生活方式，正在成为我们这个时代重要的特征之一。"城中村"居民通过参与体育活动，可以愉悦身心、满足精神、提高生活质量、提升生活幸福感和满意度以及实现自我发展。它应该成为"城中村"居民的基本生活方式。

5.4.2.5 鼓励"城中村"居民参加体育活动，培养"城中村"居民的体育权利意识

体育是每个社会成员生存发展的最基本权利，也是全体社会成员共有的一种生存和生活方式。如何实现体育权利，则是包括政府、民间组织在内的全社会共同的责任。具体来看，政府是实现市民体育权利的主要推动力，作为体育管理者、主导者的角色，对体育环境的营造比直接参与体育产品的生产和服务更为重要。随着市场经济和体育产业的发展，体育资源主要由政府专控的格局已被大大突破，体育非营利组织的社会服务空间已大大增加，要调动社会上一切关心体育公益事业力量，推动体育公共服务产品在"城中村"发展，培养"城中村"居民健康的体育方式。体育公共服务的基本特征之一是公平性，即均衡性，强调体育公共服务资源要均等公平分配。如今，社会组织结构变动导致的"城中村"居民体育参

与权利的不公平。"城中村"居民的边缘性、贫困性等特性将成为构建社会多元化体育服务体系的瓶颈。

5.4.2.6 体育部门应该参与"城中村"改革和新农村建设

十八大阐述的社会主义核心价值观包括三个层面："从国家层面看，是富强、民主、文明、和谐；从社会层面看，是自由、平等、公正、法治；从公民个人层面看，是爱国、敬业、诚信、友善。"社会学家要探讨的是体育是如何帮助社会、社区、组织以及团体平稳地运转，同时也探讨个体如何在参与体育的过程中为社会作出贡献。因此体育于国家、社会及个人的价值观形成都具有重要的作用，体育应该参与到"城中村"改造和新农村建设中来。

6　结论

6.1　体育在"城中村"居民的生活中占有越来越重要的位置

通过对"城中村"居民体育分析,得出在城市化与现代化进程中,"城中村"居民闲暇时间持续增多,闲暇活动的内容日益广泛和多元化。其闲暇活动内容包括健身娱乐类和休闲类娱乐类。"城中村"农民转变为居民以后,由于体力活动被剥夺,没有再次参加工作的机会,加之对于利益分配不均衡的不满,随着身体活动越来越少,身体素质下降、身体活动能力下降,使他们对自己的健康开始担忧,因此许多人,开始寻求体育的帮助,对于体育的需求越来越旺盛,他们身在城市却少与社会交往,形成封闭群体,远离体育、渴望体育,又不知道如何参加体育。不同群体表达了对体育不同层次的需求,体育在"城中村"居民的生活占有越来越重要的位置。不同类型"城中村"在新的时代背景下,逐渐形成了有自己特色的体育方式。高碑店村以传统体育为主,现代体育为辅;树村多种体育文化并存发展;南宫村以现代兴起体育项目为主;东大街村体育项目发展单一,居民主要通过踢毽子来锻炼身体。

6.2 "城中村"体育生活具有鲜明的特征

6.2.1 "城中村"居民对体育的认知还比较模糊

"城中村"大部分居民还不了解什么是体育以及体育的功能,现阶段我国"体育无聊观"是"城中村"居民体育价值观念的主流。这说明"城中村"居民体育文化观念的缺失。这种缺失,包含两个层面的含义:一是供给"城中村"居民公共体育休闲观的缺失,中国城市体育公共休闲,供给的对象主体主要是城市居民。客观上,"城中村"居民不但被有意或者无意地歧视,而且在城市的发展中,政府很少从公共管理的角度为其服务并满足其体育公共的需要。二是"城中村"居民本身休闲观的缺失,一部分"城中村"居民不太重视体育锻炼,甚至视体育为无聊的事情。由于观念的原因,造成他们的休闲方式也只是聊天、打牌、打麻将、上网、购物、进餐馆等,表现了其休闲的低层次。

6.2.2 "城中村"体育空间具有都市空间和村庄空间的双重特征

"城中村"具有村庄和城市双重特征,是城市化进程中未完成的城市化产物,因此"城中村"空间也表现出都市空间和村庄空间的双重特征。首先城中村"居民的体育空间表现出一种空间分异。"城中村"在村落空间整体建构上分为自然空间、经济空间和社会空间。在居民的居住空间上表现为分层化,即有高档住宅区、中档住宅区和贫穷住宅区。这种空间分异,导致了居民和居民之间、居民和群体之间的交往心理空间增大,使他们很难参加一些群体性的体育项目。空间的分异化致使许多公共体育活动场所被私人承包,导致居民体育运动成本增加,减弱了其体育锻炼功能,造成居民很难到体育公共空间进行体育锻炼。体育空间除了宏观的结构性因素导致的体育空间隔离、分割和排斥以外,还有个体层面的因素,这种排斥包含了两个过程:一种是上层阶层,把特殊体育空间的占有看作是一种地位身份及令他人艳羡与尊重的象征,他们通常基于共同的体育文化和爱好集聚在一起,是主动隔离和远离普通人的健身场所。一种是底层群体,由于经济的低收入,使他们不得不生活在空间拥堵、公共体育空间匮乏的聚集区,资源占有的局限性使他们不能获得更多的体育空间。其次"城中村"体育空间又具有村庄空间的特征。从而促使大部分居民休闲空间的选择,最终又回到了老年活动中心、棋牌室和麻将馆。这种特性,造成棋牌和麻将在"城中村"盛行。许多"城中村"居民依然保持原有农耕时代固有这传统休闲方式。"城中村"体育空间的这种分布特性,最终导致了"城中村"居民体育社会分层以及社会排斥现象。

6.2.3 "城中村"居民对体育认同是一种混合认同

"城中村"居民在叙述自己体育活动的过程中,总是离不开自己过去体育经历的记忆,虽然社会变迁,让周围的环境发生了巨大的变化,但过去所处的历史情境,让他们谈起曾经的体育生活经历来,好像是昨天才发生的事情,依然历历在目,这种记忆其实是一种集体思维潜意识。因此"城中村"相当多的一部分居民在体育身份认同上依然归属于自己曾经的运动经历记忆上。他们生活在过去的体育经验里,曾经有单位体育生活的群体,依然认为自己的体育生活是单位体育,曾经有农耕生活的群体,依然认为自己的体育是农耕民俗体育。他们认为,当今社会剥夺了他们锻炼身体的体育空间和锻炼的权利。另一些"城中村"居民的自我身份认同始终是模糊的,介于农村体育和城市体育之间,他们既无法和过去体育生活经历割裂,同时又受到了现代体育观的影响,形成了一种"自我身份认同"的模糊,在工业化、城市化过程中,他们失去原有的体育生活方式,而城市又没有给他们提供建立新的体育生活方式的空间,从而产生忧伤与不满等许多负面情绪,这些忧伤与不满情感断断续续地被释放出来,表现出对"城中村"体育社团的憎恨以及对村委会组织的一切涉外体育活动的不满。除了一些文化精英们认为自己参与的体育属于城市体育之外,大部分居民对自己体育认同是一种混合认同。

6.2.4 "城中村"没有设立专门管理的体育机构

"城中村"没有设立体育专门机构管理居民的体育活动,各村的体育活动,都由村委会副主任兼职。体育经费的主要来源的是村财政开支、民间融资、政府拨款。主要体育组织是嵌入型组织。这些组织是"城中村"传播体育文化,发展"城中村"体育赛事的主要机构。当然还需要监管部门加强监督和管理,免于"城中村"体育流于形式,而不能惠及"城中村"更多的居民。"城中村"草根组织,虽然不多,但正在逐渐成为"城中村"体育发展的重要组织,是"城中村"居民的体育活动向城市延伸的桥梁,同时也是促进"城中村"居民社会融入最好的方式。以营利为目的的体育组织满足了"城中村"经济地位和社会地位比较好的居民的体育消费需求。同时一些非法体育组织也在"城中村"蔓延。这给我们国家体育总局提出了新的挑战,基层体育组织的管理和监控刻不容缓,一旦被犯罪分子利用,对于体育部门来说就是一种抹黑行为,会直接影响到体育社团在社会发展的命运。

6.3 "城中村"体育嵌入居民的日常生活中

体育这种特殊的消遣娱乐,在"城中村"流行的方式是散乱地嵌入居民日常生活中的。它不是居民的主要娱乐活动,也不是居民的必须活动,在"城中村"中它总是被称为文化活动的一部分,与居民的生活紧密联系。"城中村"民俗体育花会表演惯用农历计日,体育花会表演和庙会联系在一起。涉外体育活动比赛或者现代体育节日则以阳历计日,并对"城中村"居民社会对外交流与互动有积极促进作用。"城中村"体育的这种社会功能只有与其他要素结合起来才能体现出来,这些要素包括家庭、教育、宗教、娱乐等。体育在"城中村"多是自发无序的行为,这种自发无序行为,恰恰反映了作为"城中村"体育行为主体的能动性,它彰显了被城市边缘化群体的体育需求和体育个性化的张力,具有鲜明的结构化特征,是一个明确的社会信号。这表明:新的体育利益格局在形成,新的体育社会规范在缔造,新的体育社会力量在成长。这种参与体育的自发无序行为,虽然是促进主体能动性的必要条件,但又是其限制条件,如果任由这种无序行为蔓延则会造成"城中村"体育发展的混乱和失范。集中表现为发生在"城中村"的"广场舞扰民"现象,让本来就狭窄的生活空间更加拥堵和嘈杂,邻里纠纷经常发生,"城中村"健身群体的集体失责任锻炼行为,让周围的居民经常苦不堪言。

6.4 "城中村"居民体育呈现分层化

一些"城中村"基本的体育资源没有按照功能主义者方式进行分配,而且"城中村"特权群体对本来就稀缺体育资源的占有,造成了"城中村"公共体育资源极度匮乏,"城中村"居民参与体育活动的基本权益被剥夺。加之体育公共空间的不足、分布的不合理性以及私有化,使"城中村"居民参与体育运动呈现分层化,这种分层化的等级秩序,是由"城中村"不同的群体对体育社会资源占有的多寡决定的,制度障碍和经济障碍使得"城中村"一些参加锻炼身体的居民只能选择一些免费体育项目,在拥挤的公共休闲空间锻炼身体,而大部分不锻炼身体的居民,多因没有场地、体育观念的落后,以及体育消费的昂贵性,被剥夺了锻炼身体的机会。低收入的群体,由于长时间的劳作,业余闲暇时间的匮乏,也很少有体育锻炼行为。一些老年人虽然拥有大量的业余时间,也由于经济条件和文化背景的制约,也不从事体育锻炼,即使有锻炼行为,对体育项目选择也多是免费的。另一方面"城中村"有良好家庭背景的孩子,校外从事的体育项目多是付费行为。而"城中村"普通家庭的孩子在校外几乎没有体育锻炼行为。这种等级结构秩序,以及体育资源分配的不平衡,使"城中村"大部分居民不能参加体育锻炼。而城市在整体规划中,也因体育资源的稀缺性,体育公共资源优先配置给城市社区,造成"城中村"体育公共服务体系建设缺失。不同居民参与体育的差异,本质上反映了居民之间的利益或资源占有的关系,其核心是人与人之间,以及人与资源之间的关系背后的秩序。这种等级结构秩序的存在必然会带来社会体育资源占有的不平等性。

"城中村"外来居民的体育参与,也因其占有的经济资源和社会文化背景不同,被分成各个阶层,只有那些受过良好教育以及占有更多社会资源的人,才能真正参与体育活动中来。大部分外来居民,被排斥在城市的体育公共服务体系之外。他们参与体育活动,要比"城中村"当地居民还难。"城中村"外来居民相互聚居,心理相互隔离和排斥。这种隔离和排斥违背了人们聚居的初衷,人与人之间,群体与群体之间,在交往行为上主观、客观都存在许多障碍。居住空间的隔离加剧社会隔离,社会隔离容易导致社会矛盾激化,成为"城中村"社会不稳定的隐患。从消除隔离,拉近人际距离、温暖人心的角度看,体育是一个重启人际关系的"润滑剂"。

6.5　"城中村"居民构建一种内向的亚体育文化圈

"城中村"居民构建一种内向的亚体育文化圈,在以体育文化共享中达成对自尊的保持和传统体育文化自觉性的延续。这一点,集中表现在集体性节庆庙会中的体育花会表演,通过构建一个共享的、有意义的体育文化圈,将"城中村"居民凝聚成一个体育文化共同体。"城中村"节庆民俗体育,对居民具有安慰和镇定的作用,居民焦虑和不安全感,在"赶庙会"过程中得到释放。这种庙会中的民俗体育几乎是所用"城中村"居民共同的体育记忆,参加民俗体育活动时,居民具有更高的幸福感。另一方面"城中村"部分居民受到现代体育观的影响,一些现代体育项目在"城中村"开始兴起,表现在对他们子女的体育教育培训上,一般家庭只要能支付得起孩子的体育培训费用,都会送孩子从事一到两项的体育项目训练,为自己的孩子真正融入城市社会作准备。

6.6　"城中村"体育的失衡发展,已经影响了社会公共安全

各种体育赌博行为在"城中村"蔓延隐蔽发展,并引发两起命案、参与体育赌博的"城中村"居民开始返贫;传销组织"绑架"体育组织,进行非法传销,已经发展到上千会员,并且开始向城市和其他地区蔓延,给社会造成了极其不安定的因素,是一种公共安全的隐患。另一个公共安全的隐患就是"城中村"大部分居民体质开始下降。农耕时代的消退,使他们的体力活动减少,他们从来没像现在一样如此渴望体育。而城市化后,让居民又失去参加传统体育的场所,传统体育的心理和精神的寄托也被剥夺,一些居民心中积满了怨恨,政府应该高度重视。如果这些怨恨得到不到有效的释放,那就会产生社会失范,甚至犯罪。

参考文献

一、中文文献

[1]李培林等.2013 社会蓝皮书[R].中国社会科学院研究所.2013.

[2]李培林等.2012 社会蓝皮书[R].中国社会科学院研究所.2012.

[3]刘鹏.完善公共体育服务体系要准确把握诸多理论和实践问题[N].中国体育报,2021-11-28.

[4]Kevin Lynch. A Theory of Good City Form[M]. Cambridge, Mass: MIT Press,1981:218.

[5]张建明.广州"城中村"研究[M].广州:广东人民出版社,2003:44.

[6]敬东."城市里的乡村"研究报告——经济发达地区城市中心区农村城市化进程的对策[J].城市规 1999,23(9):8-12.

[7]田莉."都市里的乡村"现象评析——兼论乡村—城市转型期的矛盾协调发展[J].城市规划汇刊,1998,05:54-56.

[8]李培林.村落的终结——羊城村的故事[M].北京:商务印书馆,2004:03.

[9]蓝宇蕴.都市村社共同体——有关农民城市化组织方式与生活方式的个案研究[J].中国社会科学.2005,02:145.

[10]陈国强主编.简明文化人类学词典[M].杭州:浙江人民出版社,1990,08:47.

[11]尹建中.研究都市人类学的若干问题[C].李亦园编《文化人类学选读》.台湾:台湾食货出版社,1980:58-60.

[12]麻国庆,比较社会学:社会学与人类学的互动[J].民族研究,2000,04:34.

[13]雷蒙德·弗思著,费孝通译.人文类型[M].北京:商务印书馆.1991:77.

[14]A.英克尔斯、D.史密斯著,顾昕译.从传统人到现代人[M].北京:中国人民大学出版社.1992:34-45.

[15]高清海,余潇枫."类哲学"与人的现代化[J].中国社会科学.1999,01:74.

[16]詹姆斯·克里斯(James Chriss)著,纳雪译.社会控制[M].北京:电子工业出版社.2012:35-55.

[17]李毅.社会学概论[M].广州:暨南大学出版社.2011:200-213.

[18]国雅克·马利坦著;刘有元,罗选民译;罗选民校.艺术与诗中的创造性直觉(现代西方学术文库)[M].北京:生活·读书·新知三联书店.1991:123.

[19]涂尔干著,渠东译.社会分工论(新版)[M].北京:生活·读书·新知三联书店,2013:157-255.

[20]杰克·D.道格拉斯,弗兰西斯·C.瓦克斯勒著,张宁,朱欣民译.越轨社会学概论[M].石家庄:河北人民出版社,1987,03:46.

[21]埃米尔·迪尔凯姆.社会学方法的准则[M].北京:商务印书馆.1995:80-102.

[22]埃米尔·迪尔凯姆著,冯韵/译.自杀论[M].北京:商务印书馆.1996:138-205.

[23]杨桦,孙淑惠,舒为平等.坚持和进一步完善我国竞技体育举国体制的研究[J].北京体育大学学报,2004,27(5):577-582.

[24]杨桦,王凯珍,熊晓正等.改革开放以来我国群众体育的发展演进与思考[J].北京体育大学学报,2005,28(6):721-726.

[25]杨桦,陈宁,郝勤.改革开放以来中国体育发展战略的演进及思考[J].成都体育学院学报,2002:4-4.

[26]杨桦.论现代体育的发展趋势[J].体育与科学,1988,3:008.

[27]杨桦.深化"阳光体育运动",促进青少年体质健康[J].北京体育大学学报,2011,34(1):1-4.

[28]杨桦.改造研究思路与方法重视对体育现实问题的探索[J].北京体育大学学报,2006,29(5):577-582.

[30]丁开杰.西方社会排斥理论:四个基本问题[J].西方动态研究.2009,10:10.

[31]熊欢.身体、社会与体育:西方社会学理论视角下的体育[M].北京:当代中国出版社.2011,07:95.

[32]克莱德·M.伍兹著,何瑞福译.文化变迁[M].石家庄:河北人民出版社.1988:3-8.

[33]罗吉斯伯德格著,王晓毅译.乡村社会变迁[M].杭州:浙江人民出版社.1988,05:11-12.

[34]Huang P C.华北的小农经济与社会变迁[M].北京:中华书局.1986:13-15.

[35]陈吉元.中国农村社会经济变迁(1949-1989)[M].太原:山西经济出版社.1993:22-23.

[36]王春光.中国农村社会变迁[M].昆明:云南人民出版社.1996:10-11.

[37]费孝通.乡土中国[M].北京:北京出版社.2005,05:12.

[38]费孝通.江村经济[M].北京:北京出版社.2012,12,01:44

[39]郑杭生.中国人民大学中国社会发展研究报告2002:弱势群体与社会支持[M].中国人民大学出版社,2003:5-10.

[40]陆学艺.当代中国农村与当代中国农民[M].北京:知识出版

社.1991,67.

[41]郑杭生.中国社会结构[M].东京:日本早稻田大学出版社.
2002:45-46.

[42]郑杭生.中国城市社会结构——现状、变迁及发展趋势[M].
北京:中国人民大学出版社.2002:45.

[43]龚维斌.劳动力外出就业与农村社会变迁[M].北京:文物出
版社,1998:8-9.

[44]乔志强,行龙.近代华北农村社会变迁[M].人民出版社,
1998:10-12.

[45]周沛.农村社会发展论[M].南京:南京大学出版社.1998:8-11.

[46]曹锦清.黄河边的中国:一个学者对乡村社会的观察与思考
[M].上海:上海文艺出版社.2000:12-13.

[47]侯建新.农民、市场与社会变迁——冀中11村透视并与英国乡
村比较[M].北京:社会科学文献出版社.2002:45-47.

[48]李佐军.中国的根本问题:九亿农民何处去[M].北京:中国发
展出版社.2000:34-45.

[49]李学昌.20世纪南汇农村社会变迁[M].上海:华东师范大学
出版社.2001:120-123.

[50]周祝伟,林顺道,陈东升.浙江宗族村落社会研究[M].北京:
方志出版社.2001:45-50.

[51]温锐,游海华.劳动力的流动与农村社会经济变迁[M].北京:
中国社会科学出版社.2001:44-50.

[52]杜润生.中国农村制度变迁[M].成都:四川人民出版
社.2003.

[53]孙立平.断裂:20世纪90年代以来的中国社会[M].北京:社
会科学文献出版社.2003:67-69.

[54]曾绍阳,唐晓腾.社会变迁中的农民流动[M].南昌:江西人民
出版社.2004:5-8.

[55]王春光.农村社会分化与农民负担[M].北京:中国社会科学出版社.2005:5-8.

[56]黄海.当代乡村的越轨行为与社会秩序[D].武汉:华中科技大学.2008:4-7.

[57]陈柏峰.乡村混混与农村社会灰色化[D].华中科技大学博士论文.2008:7-9.

[58]赵晓红,李会增,刘艳霞,赵华恩.国城镇农民工体育参与的现状调查及对策探析[J].山东体育学院学报.2006,05:21-25.

[59]施仙琼,我国城市农民工体育意识和行为现状及对策研究[D].桂林:广西师范大学.2007,06:8-17.

[60]近胜.城市建筑农民工体育需求的研究[D].南京:苏州大学.2007,05:8-17.

[61]吴修敬.和谐社会条件下我国农民工体育模式构建[D].曲阜:曲阜师范大学.2008,05:8-14.

[62]刘年伟.重庆农民工体育现状调查与分析[D].重庆:重庆大学.2009,05:7-17.

[63]朱爱明.长株潭试验区农民工体育锻炼现状及对策研究[D].上海:华东师范大学.2010,05:9-13.

[64]张建宁,昆山市农民工体育活动现状与发展对策研究[D].南京:苏州大学.2010,05:7-10.

[65]赵俊珠,唐山市城区农民工体育锻炼现状研究[D].石家庄:河北师范大学.2010,05:4-10.

[66]刘巧,长沙市城市农民工体育消费现状及发展对策研究[D].长沙:湖南师范大学.2012,06:6-12.

[67]刘振兴.济宁市农民工休闲体育活动现状调查与对策研究[D].曲阜:曲阜师范大学.2012,05:7-10.

[68]冯强明,张华.社会分层理论视域下我国弱势群体体育参与现状研究——以北京市农民工为研究个案[J].体育与科学.2012,02:40-44.

[69]胡科,黄玉珍,金育强. 关于农民工体育责任主体的探讨[J].
北京体育大学学报. 2007,02:167-169.

[70]程一军. 困解与消解新生代农民工体育权益保障问题研究[J]. 武
汉体育学院学报. 2010,06:90-91.

[71]周帆. 社会性弱势群体体育权利保护的研究[D]. 芜湖:安徽
工程大学. 2010,06:5-12.

[72]李程秀. 城市弱势群体体育权利保障机制研究——以河南省
为例[J]. 西安体育学院学报. 2013,01:18-21.

[73]程华平. 新型城镇化背景下农民工体育权利的法律保障[J].
体育与科学. http://www. cnki. net/kcms/detail/

[74]夏青,秦小平. 论弱势群体体育基本利益的保障——基于公民
话语权的视角[J]. 西安体育学院学报,2014,02.

[75]周丛改. 社会排斥与农民工体育边缘化问题研究[J]. 南京体
育学院学报(社会科学版). 2009,06: 20-25.

[76]王光,张秀萍. 城市化进程中流动人群健身现状及服务体系的构
建——以上海市进城务工人员群体为例[J]. 北京体育大学学报. 2011,05:
1-4.

[77]屈文会. 城市化进程中南京农民工与城市体育融合的现状与
对策研究[D]. 南京:南京师范大学. 2012,05:5-8.

[78]苏睿. 我国城市农民工体育健身社会保障制度的缺失及补救
[J]. 西安体育学院学报,2014,02.

[79]陆学艺. 当代中国社会阶层研究报告[M]. 北京:社会科学文
献出版社,2002:88-110

[80]王梁超,西安市"城中村"社区群体体育活动现状的调查与分析
[J]. 西安体育学院学报. 2005,11:6-9.

[81]肖素霞,解奎龙,潘小玲. 广州市"城中村"改造过程中的体育
发展现状研究[J]. 广州体育学院学报. 2011,4:44-46.

[82]秦尉富. 广西"城中村"体育现状及其问题对策研究——以南

宁、桂林、北海为例[D].桂林:广西师范大学.2011,04:4-19.

[83]张晶晶.武汉市"城中村"体育活动研究[D].武汉:华中师范大学.2012,08:8-10.

[84]林芳满.和谐社会视阈下福州市"城中村"家庭体育的现状与发展对策研究[D].福州:福建师范大学.2013,06:8-15.

[85]朱家新,常德胜."城中村"居民的体育休闲娱乐进行研究[J].上海体育学学报.2012,01:1-4.

[86]郭晓旭.太原市"城中村"居民体育锻炼行为现状调查分析[D].山西大学.2013,6:8-10.

[87]赖学鸿."城中村"与城市居民体育锻炼行为之比较[J].山东体育学院学报.2009,09:13-16.

[88]李凯.基于公平理论的城市居民与"城中村"居民体育权利均等化研究[D].温州:温州大学.2013,05:6-10.

[89]肖素霞,解奎龙.影响广州市"城中村"体育文化发展的因素分析[J].山东体育科技.2010,02:18-22.

[90]原小琴."城中村"体育文化传播研究[D].成都:成都体育学院.2012,06:4-5.

[91]格尔哈特·伦斯基著,关信平译.权力与特权:社会分层的理论[M].杭州:浙江人民出版社.1988:44.

[92]安东尼·吉登斯著,赵旭东,方文,王铭铭译.现代性与自我认同——现代晚期的自我与社会[M].北京:三联书店.1998:8-10.

[93]胡杰成.社会排斥与"城中村"居民的城市融入问题[J].兰州学刊.2007(7):87-90.

[94]江立华,胡杰成.社会排斥与"城中村"居民地位的边缘化[J].华中科技大学学报(社科版).2006(6):112-116.

[95]郑功成,黄黎若莲.中国"城中村"居民问题与社会保护(下)[M].北京:人民出版社.2007:443-445.

[96]吴志强,李德华.城市规划原理(第四版)[M].北京:中国建筑

工业出版社.2010:156－157.

[97]廖方.城市公共空间层次结构探讨[J].规划师.2007,(04),35:15.

[98]许纪霖.都市空间网络中的中国知识分子[N].文汇报.2004－04－28.

[99]包亚明.都市研究的理论与意义[Z].http://www.chinacity.org.cn/cstj/zjwz/70986.html.

[100]塞缪尔·菲利普斯·亨廷顿著,王冠华译.变化社会中的政治秩序[M].上海:上海人民出版社.2008:37－38.

[101]邵颖萍.中国城市现代化的内涵与核心[Z].中国权威经济论文库·中经评论子库.2012－12－26.

[102]邵媛媛.转型中的实践——对一个"城中村"社区现实状态的人类学研究[M].2010,04:4－15.

[103]郑杭生.社会学概论新修[M].北京:中国人民大学版社.2003:45－47.

[104]任海.体育与"乡—城移民"的社会融入.体育与科学[J].2013(01):24－25.

[105]王凯珍.社区体育[M].北京:高等教育出版社.2004:34－44.

[106]谭华.探索新时期中国体育可持续发展的道路[Z].新观点新学说学术沙龙文集28:体育强国的辨析与建设.2009－05－27.

[107]胡晓明.论体育人类学研究范式中的跨文化比较[J].2012,08:03.

[108]胡小明,张洁,王广进,和春云.开拓体育文化研究的新领域——以探索身体运动对原始文化形成的作用为例[J].上海体育学院学报.2012,02:04.

[109]刘明生,李建国.城市社会体育组织参与体育公共服务的困境与对策[J].上海体育学院学报,2012,36(3):53－56.

[110]黄亚玲.中国体育社团的发展——历史进程,使命与改革[J].

北京体育大学学报,2004,27(2):155-157.

　　[111]卢文云,熊晓正.建国以来我国农村体育发展的历史回顾与启示[J].北京体育大学学报,2005,28(4):455-457.

　　[112]戴建中编.北京蓝皮书:北京社会发展报告(2012~2013).曹婷婷.北京市"城中村"改造中的农民就业问题研究——以海淀区为例[R].北京:社会科学文献出版社.2013:229-236.

　　[113]刘荃.在碰撞中统一:体育在中国城市化进程中的作用与反作用——"体育与城市发展"论坛综述[J].体育与科学,2013(1):8-10.

　　[114]祝莉.体育与人格塑造[J].体育与科学.1992,2:04.

　　[115]储冬爱.城中村的民俗记忆——广州珠村调查[M].广州:广东人民出版社.2012,08:45-55

　　[116]威廉·富特·怀特著,黄育馥译.街角社会,一个意大利人贫民区的社会结构商务印书馆[M].北京:商务印书馆.2006:45-88.

　　[117]道格·桑德斯著,陈信宏译.落脚城市[M].上海:上海译文出版社.2012,0201:44-55.

　　[118]高兆明.社会失范论[M].南京:江苏人民出版社.2006:35-47.

　　[119]周大鸣.族群与文化论——都市人类学研究(上)[J].广西民族学院学报,1997,02:55-76.

　　[120]李德洙.走向世界的中国都市人类学[M].北京:中国物质出版社,1994:88-103.

　　[121]折晓叶.村庄的再造:一个"超级村庄"的社会变迁[M].北京:中国社会科学出版社,1997:88-111.

　　[122]孙淑惠,王广虎.社会各阶层体育态度与行为的调查报告[J].成都体育学院学报,2002,28(5):1-5.

　　[123]傅振磊.中国农村体育现代化研究[D].南京:苏州大学.2011,05:09-17.

　　[124]钟顺昌.城市化问题透视:中国的城中村与拉美的贫民窟之

类比[J].新西部:下旬·理论,2013(9):243-244.

[125]刘筱.利益博弈:解决"城中村"问题的思路探讨——以深圳市为例[J].重庆行政:公共论坛,2013(4):70-72.

[126]赵姗姗.城中村改造:利益博弈中的政府行为选择——以郑州市为例[J].山东农业大学学报(社会科学版),2013(4):30-34.

[127]程华平.新型城镇化背景下农民工体育权利的法律保障[J].体育与科学,2014(1).

[128]杨桦:把提高青少年健康素质提升为国家战略[Z].光明网.2014-03-07.

[129]孟德拉斯著,李培林译.农民的终结[M].北京:社会科学文献出版社.2010:01-10.

[130]黑格尔著,贺麟,王玖兴译.精神现象学[M].北京:商务印书馆.1979:08.

二、英文文献

[1] Michael Banton. Encyclopedia of nationalism,Paragon House[M].1990:68-69.

[2]Merton, Robert King. Social Theory and Social Structure[M]. New York: Free Press. 1957:260-344.

[3]Merton, Robert King. Social Structure and Anomie[J]. American Sociological Review. 1938,03:672-682.

[4]Merton, Robert King. Social Theory and Social Structure[M]. New York: Free Press. 1957:264-265.

[5]Eric G. Dunning, Patrick J. Murphy, John Michael Williams. The Roots of Football Hooliganism: An Historical and Sociological Study [M]. Routledge & Kegan Paul, Limited, 1988:203-255.

[6] Steve Frosdick, Peter MarshFootball Hooliganism [M]. Taylor &Francis, 2005,07,01:197-220.

[7]Lewis A. Coser. The functions of social conflict[M]. New York: The Free Press, 1956:22 - 23.

[8]Ralf Dahrendorf . Class and class conflict in industrial society[M]. Stanford Univ Pr. 1959,06:44 - 46.

[9]Clifford Geertz. Ritual and Social Change: A Javanese Example[M]. American Anthropologist. 1957,01:32 - 54.

[10] Jay J. Coakley. Sports in Society: Issues and Controversies [M]. McGraw - Hill Higher Education. 1997,08:34 - 36.

[11] Clifford Geertz. The Interpretation of Cultures: Selected [M]. Essays Basic Books. 1973: 455 - 467.

[12]Sidaway R, Duffield B S. A new look at countryside recreation in the urban fringe[J]. Leisure Studies. 1984,3(3): 249 - 272.

[13]Riess S A. City games: The evolution of American urban society and the rise of sports[M]. University of Illinois Press. 1991:22 - 23.

[14]Mukhopadhyay A, Dutt A K. Slum dweller's daily movement pattern in a Calcutta slum[J]. Geo Journal. 1993, 29(2): 181 - 186.

[15]Dutt A K, Tripathi S, Mukhopadhyay A. Spatial spread of daily activity patterns in Calcutta and Delhi[M]. The Asian City: Processes of slum dwellers Development, Characteristics and Planning. Springer Netherlands. 1994: 309 - 326.

[16]Trangsrud R. Developing skills and building self - esteem:outreach through sports[J]. Mathare Youth Sports Association - Kenya. 1998:12 - 20.

[17] Jamin Shitsukane Muliru. A CAPABILITY ENHANCEMENT INITIATIVEFOR NAIROBI URBAN SLUM YOUTH IN KENYA:A Case Study of Mathare Youth Sports Association Approach in Mathare[D]. Ohio University. 2008: 4 - 10.

[18] Wamucii P. The Role of Sports in Strategic Health Promotion [M]. Strategic Urban Health Communication. Springer New York. 2014:187 - 197.

[19] Kimball R I. Sports in Zion: Mormon Recreation, 1890 - 1940 [M]. University of Illinois Press. 2003:14 - 15.

[20] Achola H O. Koch Life: Community Sports in the Slum[M]. Paulines Publications Africa. 2006:23 - 25.

[21] Kimathi T. My personal critical Review concerning Slum Tourism in Kenya[M]. 2013:3 - 4.

[22] Kaviraj S, Sinha A, Chakraborty N, et al. Physical Activity Status and Body Image Perception of Adolescent Females in A Slum In Kolkata[J]. India. 2013:13.

[23] Michael, Dear. The Postmodern Condition [M]. Oxford: Blackwell. 2000:23 - 24.

[24] Henry Lefebvre. The Production of Space, Malden: Blackwell Pub - lishing[M]. See Edward W Soja, Third Space. Oxford: Blackwell Pub - lishers, 1996:45 - 46.

[25] Giddens A. Modernity and self identity[M]. Oxford: Blackwell, 1991:67 - 77.

[26] Warner S. B, Jr. Streetcar Suburbs: The Process of Growth in Boston 1870 ~ 1900[M]. Cambridge: Harvard University Press. 1978:45 - 55.

[27] Ulf Hannerz. Exploring the City: Inquiries Towardan Urb an Anthropology[M]. Columbia University Press. 1980:01.

[28] LoflandJ, Lofland L. Analyzing Social Settings: A Guide to Qualitative Observation and Analysis. [M]. Wadsworth, Belmont, CA. 1995:44 - 45.

附　录

附件1:

附表1 采访人员情况一览表

采访编号	采访人信息					采访地点	采访时间
	采访者	性别	年龄	文化程度	职业		
B1	树村居民	男	40	初中毕业	农转非	回树村的路上	2013 年 12 月 30
B2	某村委会成员	男	35	高中毕业	村委会干部	某村委会办公室	2013 年 3 月 21
B3	树村居民	女	40	初中毕业	无业	回树村的路上	2013 年 1 月 3
B4	树村居民	男	42	初中毕业	公务员	树村	2013 年 1 月 5
B5	树村居民	男	25	高中毕业	无业	树村	2013 年 1 月 12
B6	乔××	男	22	初中毕业	无业游民	××俱乐部	2013 年 3 月 17
B7	小峰,树村居民	男	26	高中毕业	无业	树村	2013 年 3 月 18
B8	赵××	男	不详	大学毕业	××村委会主任	村委会办公楼	2012 年 12 月 19
B9	树村居民	男	40	不详	农转非	回树村的路上	2013 年 3 月 15
B10	季××	女	56	初中毕业	退休工人	树村	2013 年 3 月 17
B11	阿阳	男	29	大学毕业	小企业主	树村	2014 年 2 月 12
B12	大张	男	30	大学毕业	企业小管理者	树村附近烤肉馆	2014 年 2 月 15
B13	李××	男	27	高中文化	配货工	树村	2013 年 3 月 20
B14	阿磊	男	22	高中毕业	动车司机	树村	2013 年 12 月 12
B15	刘××	男	28	高中毕业	电脑维修店主	华联商厦	2013 年 3 月 15
B16	王××	男	30	高中毕业	车租车司机	司机车上	2013 年 4 月 20

采访编号	采访人信息					采访地点	采访时间
B17	李××	男	25	高中毕业	理发师	司机车上	2013 年 4 月 25
B18	孙××	男	22	高中毕业	理发店洗发工	司机车上	2013 年 4 月 26
B20	春子	男	29	大学毕业	小企业主	树村	2014 年 2 月 12
B21	小磊	男	22	高中毕业	业务员	树村	2013 年 1 月 12
B22	小易	男	28	高中毕业	销售员	树村	2013 年 1 月 15
B23	小毕	男	23	高中毕业	配货工	树村	2013 年 2 月 12
B24	阿杰	男	28	高中毕业	电脑维修	上地华联"九毛九"①	2013 年 11 月 12
A1	赵××	男	不详	小学	三轮车车主	高碑店村车主的三轮车里	2013 年 10 月 2
A2	赵××,高碑店居民	男	56	不详	农转非	高碑店路边三轮车上,边走边谈	2013 年 10 月 2
A3	高碑店居民	男	69	不详	退休工人	高碑店东村居民家,大门口一颗大树下	2013 年 10 月 19
A4	高碑店居民	男	68	未读书	农转非,无业	高碑店居民家楼下	2013 年 10 月 23
A5	高碑店居民	女	45	不详	农转非	高碑店路上	2013 年 10 月 10
A6	高碑店居民	男	40	不详	农转非	高碑店路边三轮车	2013 年 11 月 10
A7	高碑店居民	男	40	不详	公务员	高碑店村	2013 年 10 月 23
A8	高碑店居民	女	38	不详	教师	高碑店十七中学	2013 年 10 月 22
A9	高碑店居民	女	40	初中毕业	农转非	高碑店村旅游接待处工作人员,接待处大厅	2013 年 10 月 24
A10	秦××	女	55	大专毕业	退休职工	高碑店村文化广场	2013 年 12 月 6
C1	王××,南宫村居民	女	56	小学文化	无业,农转非	南宫村文化广场	2013 年 9 月 13
C2	孙××,南宫村居民	女	48	没上过学	无业,农转非	南宫村文化广场	2013 年 9 月 13
C3	刘××,南宫村居民	女	50	小学文化	无业,农转非	南宫村文化广场	2013 年 9 月 13

① 九毛九是一家山西面馆(上地华联店)位于农大南路 1 号院上地华联商厦 4 层.

续表

采访编号	采访人信息				采访地点	采访时间
C4	刘×，南宫村居民	男	50	小学文化	无业,农转非	办公室	2013 年 9 月 14
C5	浩××，南宫村居民	女	40	小学文化	无业,农转非	南宫村文化广场	2013 年 9 月 15
C6	郝××，南宫村居民	女	42	小学文化	无业,农转非	南宫村文化广场	2013 年 9 月 19
C7	牛××	男	45	大学毕业	职工	南宫村某一社区	2013 年 9 月 17
D1	刘××，东大街村居民	男	50	小学文化	无业,农转非	村委会楼下	2013 年 7 月 18
D2	李×，东大街村居民	男	35	大学文化	小学教师	咖啡店	2013 年 9 月 20
D3	王××，东大街村居民	男	52	中学文化	村委会职员	村委会楼下	2013 年 7 月 19
D4	刘妈妈，东大街居民	女	56	没文化	无业	东大街村	2013 年 7 月 20
D5	李×，××村	男	52	中学文化	村委会职员	村委会楼下	2013 年 7 月 21
D6	小田	女	35	高中毕业	小业主	东大街村	2013 年 7 月 12

注:A1-10 代表高碑店村当地居民;B1-10 代表树村当地居民,B11-24 代表树村外地居民;C1-7 南宫村当地居民,D1-6 当地居民。

附件2

访谈问题一

1. 你平时都喜欢玩什么？

2. 你参加体育锻炼吗？

3. 你通常在什么地方锻炼？

4. 你和谁一起锻炼？

5. 你都去哪里锻炼？

6. 你们村子有什么体育活动？

7. 你都参加什么体育活动？

8. 你希望参加体育运动吗？为什么？

9. 你上过体育课吗？都上什么内容

10. 你都玩过什么体育游戏？现在还玩吗？为什么？

11. 你会花钱去健身吗？

12. 你如何看待你们村子的农民运动会？

13. 你觉得村子里运动会和有你关系吗？

附件3

访谈问题二

1. 你们村子的基本情况是什么？你了解村子的历史吗？

2. 你们村子的主要经济收入来源是什么？

4. 你们村子都居住了哪些人？

3. 你们村子居民的主要收入来源是什么？

5. 居民平时休闲娱乐活动是什么？

6. 你们村子有体育活动吗？都有那些？你觉得效果怎么样？

7. 你觉得自己现在身体健康吗？

8. 你觉得应该怎样在村子开展体育活动？

9. 你们村子过节都有什么娱乐活动？有体育活动吗？

10. 你打算在村子开展哪些体育活动？